EDITORA DO CONHECIMENTO

Auxiliando a humanidade a encontrar a Verdade

O EFEITO PROVÁVEL DO ESPIRITUALISMO SOBRE A CONDIÇÃO SOCIAL, MORAL E RELIGIOSA DA SOCIEDADE

O Efeito Provável do Espiritualismo Sobre a Condição Social, Moral e Religiosa da Sociedade

• Anna Blackwell • G. F. Green

CONHECIMENTO EDITORIAL LTDA.
Rua Prof. Paulo Chaves, 276 – Vila Teixeira
Marques CEP 13480-970 — Limeira — SP
Fone/Fax: 19 3451-5440
www.edconhecimento.com.br
vendas@edconhecimento.com.br

Tradução: Luiz Gustavo O. dos Santos
Projeto Gráfico: Sérgio Carvalho
Ilustração da Capa: Banco de imagens

ISBN 978-65-5727-141-4 — 1ª edição – 2022

• Impresso no Brasil • *Presita en Brazilo*

Produzido no departamento editorial da
CONHECIMENTO EDITORIAL LTDA

Impresso na
Primeira Leitura
a gráfica digital da **EDITORA DO CONHECIMENTO**

Dados Internacionais de Catalogação na Publicação (CIP)
(Angélica Ilacqua CRB-8 / 7057)

Blackwell, Anna
O Efeito Provável do Espiritualismo Sobre a Condição Social, Moral e Religiosa da Sociedade / Anna Blackwell / G. F. Green ; tradução e organização das notas por Luiz Gustavo O. dos Santos – 1ª ed. – Limeira, SP: Editora do Conhecimento, 2022.
172 p. (Série Espiritismo "Progressivo")

ISBN: 987-65-5727-141-4

Título original: *The Probable Effect of Spiritualism upon the Social, Moral, and Religious Conditions of Society*

1. Espiritualismo 2. Espiritualidade I. Título II. Green, G. F. III. Santos, Luiz Gustavo O dos IV. Série

22-4173 CDD – 133.9

Índices para catálogo sistemático:
1. Espiritismo

Anna Blackwell
G. F. Green

O Efeito Provável do Espiritualismo Sobre a Condição Social Moral e Religiosa da Sociedade

Com notas doutrinárias

Tradução e organização das notas
por Luiz Gustavo O. dos Santos

1ª edição
2022

EDITORA DO
CONHECIMENTO

THE PROBABLE EFFECT OF SPIRITUALISM UPON THE SOCIAL, MORAL, AND RELIGIOUS CONDITION OF SOCIETY.

PRIZE ESSAYS.

LONDON:
Published by THE BRITISH NATIONAL ASSOCIATION OF SPIRITUALISTS,
38, Great Russell Street;
And by E. W. ALLEN, 11, Ave Maria Lane.

1876.

S

Sumário

Apresentação

A presente tradução foi feita a partir do texto original inglês *The probable effect of spiritualism upon the social, moral, and religious condition of society*, publicado em Londres pela Associação Nacional Britânica de Espiritualistas, no ano de 1876.[1] Os ensaios que compõem a obra, julgados por uma comissão da Associação que contou com o eminente naturalista e espiritualista Alfred Russell Wallace e com o escritor e médium W. Stainton Moses, foram premiados naquele ano, trazendo um assunto de capital importância: a direção sociopolítica na qual as ideias espiritualistas levarão a sociedade a se transformar. A obra foi aclamada pelos grupos espíritas, conforme lemos nos comentários da *Revista Espírita*, que incluímos no início.

A nova condição social, econômica e política indicada como o caminho para o futuro do mundo, conforme explicado nesta obra, caracterizada pela igualdade, liberdade, associação cooperativa, irmandade, paz e bem-estar para todos – contrária ao individualismo e ao antagonismo ora reinantes –, será resultado da transformação das crenças (em direção ao espiritismo) e das instituições (visando a aplicar as leis divinas à vida social), realizada pelo esforço da humanidade. Este é um assunto sempre premente a ser tratado nos meios espíritas e espiritualistas, e a obra é feliz e muito própria para trazer profunda reflexão, repleta de orientações inestimáveis.

Cabe esclarecer que, embora o título e os textos do livro tragam o termo "espiritualismo" – por ser essa a designação mais comum na Inglaterra da época –, as ideias

[1] BLACKWELL, Anna; GREEN, G. F. *The probable effect of spiritualism upon the social, moral, and religious condition of society*. London: The British National Association of Spiritualists and E. W. Allen, 1876. Original fotodigitalizado disponível em: <*https://archive.org/details/cu31924031253655/page/n3/mode/2up*>.

aí expressas correspondem, dentro do escopo trabalhado, às do Espiritismo. Kardec, referindo-se a doutrinas que aceitavam a comunicação recorrente com o mundo invisível, independentemente das divergências quanto a outros pontos doutrinários, aplicou-lhes a designação de Espiritismo, por exemplo, ao criar as denominações "Espiritismo americano" (a despeito da divergência quanto à reencarnação), "Espiritismo antigo" (entre os celtas), "Espiritismo moderno" etc. A presente obra, entretanto, não contém sequer tais divergências; pode-se, portanto, ler o texto como sendo uma obra filosófica referente ao Espiritismo. A própria edição francesa de 1877, publicada pela livraria da *Revista Espírita*, na Sociedade de Paris, traduziu o título como: *Do efeito provável do progresso das ideias espíritas sobre a marcha social do porvir*, assim como a palavra "espiritualismo", todas as vezes em que aparece no texto, por "espiritismo". Preferimos, no entanto, deixar "espiritualismo" para manter a possível abrangência pretendida pelos autores.

Acrescentamos, ao longo da tradução, notas de rodapé elucidativas, devidamente indicadas. Além destas, adicionamos as notas doutrinárias pertinentes aos assuntos tratados nos textos e que desenvolvem o pensamento ali apresentado, com citações das obras fundamentais – as de Allan Kardec – e de obras espíritas filosóficas clássicas, de Léon Denis, Maurice Lachâtre, J. Herculano Pires, Cosme Mariño, Humberto Mariotti etc., com grifos nossos. (As citações de Allan Kardec foram traduzidas do francês para esta edição, visando a maior literalidade). Não fazemos essas citações – aliás, abundantes – com fins dogmáticos, mas para trazer suplementos doutrinários, oportunizar a extensão de conhecimento e prestar um auxílio para a pesquisa. (Os destaques em itálico excessivos que fizemos em praticamente todas as citações, mesmo fugindo dos padrões editoriais, justifica-se pelo realce das partes chave de cada texto, que – muitas vezes imersas em outros assuntos ou já ligadas a interpretações tradicionais, eram atenuadas –, agora podem receber o novo olhar proporcionado pelas reflexões trazidas na obra.) Restringimo-las praticamente ao escopo sociopolítico, assunto principal do livro e menos divulgado, conquanto tudo o mais que nele é dito esteja calcado na doutrina Espírita. Essas notas doutrinárias se situam após cada texto que compõe este volume e estão referenciadas, dentro deles, pelo índice ND, seguido do número da nota, por exemplo: (ND1), (ND2) etc. Em razão de muitas dessas notas serem extensas, sugerimos primeiro a leitura dos textos e, depois, a remissão a elas como valioso repositório de material doutrinário para fundamentação e reflexão.

Incluímos também, como apêndice, nossa tradução de um interessante artigo da *Revista Espírita* do ano seguinte (1877), que, inspirado no texto de Anna Blackwell, procura desdobrar ainda mais o assunto sob a ótica da reencarnação, com ponderações importantes para todos os tempos.

Possamos, à leitura desta obra, reavivar os objetivos indicados em Allan Kardec para o Espiritismo, em vista da transformação social da Terra:

> *O Espiritismo* bem compreendido, quando estiver identificado com os costumes e as crenças, *transformará* os hábitos, os usos e *as relações sociais*. (*O Livro dos Espíritos*, n° 917.)
>
> [Proceder a] *uma comunidade de ideias em moral, em política, e sobretudo em religião.Tal será a obra da filosofia nova, o Espiritismo, que vos ensinamos hoje*. (*Revista Espírita*, nov. 1862, "Da origem da linguagem".)
>
> *O Espiritismo é chamado a desempenhar um papel imenso sobre a Terra; é ele que reformará a legislação,* tão frequentemente contrária às leis divinas. (*Obras Póstumas*, pt. II, "Futuro do Espiritismo".)
>
> *O Espiritismo*, por sua poderosa revelação, vem, portanto, *apressar a reforma social*. (*Viagem espírita em 1862*, "Discursos", III, § 14.)
>
> Dia virá em que *o espiritismo deverá exercer uma imensa influência sobre a estrutura social*. (*Revista Espírita*, out. 1860, "Banquete oferecido pelos espíritas lioneses".)
>
> *As consequências dessa revolução* [operada pelo Espiritismo] são fáceis de prever; ela *deve trazer para as relações sociais inevitáveis modificações*, às quais não está no poder de ninguém se opor, porque estão nos desígnios de Deus, e *porque ressaltam da lei do progresso, que é uma lei de Deus*. (*O Evangelho segundo o Espiritismo*, cap. I, n° 8.)

Luiz Gustavo Oliveira dos Santos
Brasília, DF, 24 de fevereiro de 2022.

Sobre os autores

Anna Blackwell (1816-1900) é conhecida como a grande tradutora das obras de Allan Kardec para o inglês e correspondente da Revista Espírita (março de 1869, "O Espiritismo por toda parte"). Jornalista, professora e poetisa inglesa, adepta do Espiritismo e escritora de renome, ela participou ativamente dos movimentos espíritas nas décadas posteriores à morte de Allan Kardec, até o final do séc. XIX. A obra que a tornou conhecida neste meio é a que ora publicamos, tendo recebido o primeiro prêmio da Associação Nacional Britânica de Espiritualistas, em 1876. Ela continuou, até o fim de sua vida, escrevendo e traduzindo obras sobre o espiritismo, a reencarnação e as questões sociais.

G. F. Green, coautor da obra, que recebeu o segundo prêmio na mesma ocasião, era, como se dizia, exímio escritor. Fazia parte dos círculos espiritualistas e produzia artigos correntemente para jornais, como o inglês The Spiritualist, sobre as relações do espiritualismo com a ciência, o evolucionismo, o positivismo, as teorias sociais, etc.

REVUE SPIRITE

JOURNAL

D'ÉTUDES PSYCHOLOGIQUES

19e ANNÉE. N° 3. MARS 1876.

Comentários da *Revista Espírita*[2]

Revista Espírita, março de 1876, p. 84.

Concurso sobre a influência social do espiritualismo no porvir.

A Associação Nacional Britânica de Espiritualistas pôs em concurso esta questão, há alguns meses: "Qual será a influência provável do espiritualismo sobre a marcha social do porvir?" A associação oferecia dois prêmios: o primeiro devia ser uma grande medalha de ouro, ou seu equivalente em uma soma de 500 francos. O segundo era uma soma de 250 francos; esse concurso era universal. O comitê de leitura devia possuir, antes de 1° de outubro de 1875, todos os manuscritos dos concorrentes, escritos em inglês e sob envelope selado, portando cada um uma divisa, sem nenhuma indicação do nome do autor; esse nome devia ser encerrado numa carta, sob envelope selado e portando a mesma divisa.

Cada membro do comitê, para fazer sua opinião particular, tendo lido isoladamente cada ensaio, emite livremente seu voto numa reunião geral. Por unanimidade, a medalha de ouro foi dada ao autor do ensaio trazendo

[2] Todos os volumes da *Revue Spirite* originais, da primeira, em 1859, até a edição de 1959, estão fotodigitalizados e disponíveis no *site* da *Encyclopédie Spirite - Mouvement Spirite Francophone*: <*https://sites.google.com/spiritisme.net/encyclopedie-spirite/revues-spirites/revue-spirite?authuser=0*>. Consulta em 6 jul. 2021.

por epígrafe esta citação bíblica: "Lança teu pão sobre as águas, tu o encontrarás após vários dias"[3]. Abrindo o envelope correspondente, encontrou-se o nome da senhora Anna Blackwell, a tradutora, para o inglês, das obras de Allan Kardec.

Preferindo o bem da causa a uma satisfação pessoal, a senhora Blackwell desejará receber a soma de 500 francos, em vez de ouro, para distribuí-la assim: 125 francos, à Associação Nacional Britânica; 50 francos, para participar da subscrição feita em reconhecimento aos serviços prestados de uma maneira tão desinteressada, à causa comum, pelo sr. Harrison, fundador do *Spiritualist*, jornal que na Inglaterra foi o primeiro a defender a verdade das relações entre os vivos e os mortos; 50 francos, ao sr. Burns, redator do *Human Nature*, jornal que abriu primeiro suas colunas à senhora Blackwell, para lhe permitir propagar as ideias espíritas entre seus compatriotas; 25 francos, ao sr. doutor Sexton, redator do *Spiritual Magazine*, cientista muito devotado à causa e que, por ela, tem sofrido em seus interesses materiais; não era senão justo lhe fazer uma subscrição, a título de reconhecimento, como foi feito para o *Medium* e o *Spiritualist*. Enfim, 250 francos, a esta Sociedade para a continuação das obras espíritas de Allan Kardec, para ajudá-la nas penosas circunstâncias atuais.

Agradecemos à senhora Blackwell por seu dom fraternal e, sobretudo, por seu devotamento absoluto à propagação das verdades das quais Allan Kardec foi o primeiro missionário; suas traduções das obras da doutrina são reconhecidas perfeitas na Inglaterra e na América; elas estão destinadas a exercer uma grande influência sobre a marcha da causa, ajudando a levar todos os pesquisadores desses países às bases fundamentais da eterna verdade, à unidade de doutrina prevista por Allan Kardec.

***

Revista Espírita, outubro de 1876, p. 320.

"Uma crítica inédita do Espiritismo"

... Sabe-se que, tendo a *British National Association of Spiritualists* posto em concurso a questão de tratar da influência provável do espiritismo sobre a situação social, moral e religiosa da humanidade, a dissertação coroada

[3] Eclesiastes 11:1. (Nota do tradutor.)

foi a da eminente tradutora das obras de Allan Kardec, senhora Anna Blackwell (ver *Revista Espírita* 1876, p. 84), dissertação na qual a reencarnação é incidentemente abordada. Os membros do júri, assim como a maior parte dos membros da associação inglesa, não são ainda reencarnacionistas[4], mas, como pessoas de boa fé, de inteligência e de honra, não consideraram senão a lógica do discurso, a verossimilhança – ao menos – das provas e, sem partilhar talvez todas as ideias da autora, não puderam desprezar que, de todas as dissertações, – e quem sabe se a do sr. Holmfeld não estava entre elas? – a da senhora Anna era a melhor pensada, a melhor escrita, a melhor, enfim.

* * *

Revista Espírita, abril de 1877, p. 138.

"Ensaio coroado pela Associação Britânica de Espiritualistas"

... Um cientista altamente colocado, francês e positivista, tendo lido o ensaio da senhora Anna Blackwell, ficou de tal forma tocado pelo encadeamento lógico das ideias que nele eram emitidas e pelas deduções que o terminavam, que o traduziu ao francês; ele afirmou que, os fatos físicos vindo corroborar a exposição dessa teoria, ele se tornaria espírita convicto.

Essa tradução notável, nós a imprimimos, esperando bem que nossos amigos pudessem, com ela, destruir muitas resistências, e responder a esta objeção dos homens práticos e instruídos: O Espiritismo, o que ele quer? O que ele pode? Qual pode ser sua influência?

Se o cientista tradutor desse ensaio (que nos é defeso nomear) está movido pelo escrito da senhora Anna Blackwell, é natural pensar que todo leitor imparcial, bom juiz, se sentirá abalado pelo conjunto desse trabalho notável que colocamos em brochura, com o formato da revista e do papel de luxo. — 1 fr. porte pago.

[4] Esta era, segundo Allan Kardec, a diferença capital entre a doutrina ensinada pelos Espíritos no meio espírita anglo-americano e a ensinada no espiritismo francês. Kardec expõe o ponto de vista dos anglo-americanos na *Revista Espírita*, edições de maio de 1864 ("A escola espírita americana") e de abril de 1869 ("Profissão de fé espírita americana"), e fornece ampla explicação do porquê dessa diferença, no *Livro dos Médiuns*, pt. II, cap. XXVII, nº 297 a 302. Anna Blackwell era uma espírita que, embora inglesa, aceitou a doutrina codificada por Allan Kardec e procurou difundir e defender a ideia da reencarnação, em obras e artigos. Alguns refratários, como o alemão sr. Holmfeld citado, chegaram a atacar o ensaio da autora só pelo motivo de estar nele presente esta ideia. (Nota do tradutor.)

Prefácio

A publicação, em sua presente forma, dos dois ensaios contidos neste volume é devida às seguintes circunstâncias.

No ano de 1875, através da liberalidade de dois membros de seu corpo, o Conselho da Associação Nacional Britânica de Espiritualistas permitiu oferecer dois prêmios, o primeiro consistindo numa medalha de ouro, ou £ 20; o segundo, de £ 10; para o melhor e o segundo melhor ensaios sobre um assunto selecionado, que foi —

O efeito provável do espiritualismo sobre a condição social, moral e religiosa da sociedade.

As condições foram que a competição devia ser aberta a todos os sujeitos nascidos britânicos, ou britânicos naturalizados e, ademais, a todos os membros estrangeiros da Associação Nacional Britânica de Espiritualistas, desde que os ensaios fossem escritos em inglês.

Os seguintes cavalheiros tiveram a gentileza bastante de consentir em julgar sobre os méritos dos ensaios competidores: — sr. Alfred Russel Wallace, o bem conhecido naturalista e F. R. G. S.; um cavalheiro conhecido por um largo círculo sob o *nom de plume* de "M. A., Oxon[5]"; sr. J. M. Gully, M. D.; e sr. Martin R. Smith.

Dos ensaios enviados, os dois que estão aqui impressos foram selecionados pelos juízes como dignos do primeiro e segundo prêmios, respectivamente, em razão de seus méritos lógicos e literários; e, de acordo com as condições de candidatura, os direitos autorais dos ensaios cabem à Associação pelo termo de cinco anos a partir da data do julgamento.

[5] Pseudônimo de William Stainton Moses. (Nota do tradutor.)

Primeiro ensaio premiado

por

Anna Blackwell

Que as nossas "instituições sociais" são a decorrência das nossas "crenças" é uma proposição tão evidentemente verdadeira que podemos provavelmente nos permitir assumir sua aceitação como tal por nossos leitores e proceder, sem preâmbulos adicionais, a examinar as consequências resultantes da admissão do fato da correlação entre *convicções filosóficas* e *formas sociais*.

Se admitimos que as nossas crenças são a fonte das nossas instituições, devemos também admitir que as últimas necessariamente mudarão com cada mudança nas primeiras; e, como o que fomos acostumados a considerar como "a ordem estabelecida da sociedade" está fundada em "credos" religiosos, filosóficos e científicos que estão se desintegrando continuamente por todo lado, devemos admitir, mais ainda, que essa "ordem" necessariamente partilhará do destino das concepções teóricas sobre as quais ela foi erigida, e que a época presente é, portanto, enfaticamente *uma época de transição*. E, como o próprio fato da transição implica, a uma só vez, o abandono do nosso ponto de vista atual e a existência de algum ponto de vista novo ao qual esta transição está nos levando, não podemos escapar da conclusão de que o arremesso geral das "crenças" no cadinho do exame analítico — que é uma das características distintivas dos dias presentes — deve ser considerado, não meramente como estando destinado a efetuar uma *decomposição* dos elementos da sociedade como ela tem existido até aqui, mas também como uma preparação para uma próxima *recombinação* desses elementos, sobre a base de alguma forma nova de convicção mental que irá constituir a "crença", e por aí determinar os desenvolvimentos sociais, do futuro.

Uma transformação de tal vasta importância, e implicando possibilidades de mudança que transcendem de tão longe o alcance da previdência humana, pode bem induzir uma consideração séria de tais indicações, a respeito da direção geral para a qual estamos tendendo, como pode ser dedutível de um exame do que está tomando lugar no mundo ao nosso redor.

O mais superficial golpe de vista no presente estado de opinião basta para nos mostrar que o efeito imediato do processo de decomposição, ao qual todas as fórmulas velhas do pensamento humano estão agora sendo submetidas, pode ser encontrado na rápida propagação do materialismo teórico, que nega a existência do elemento espiritual do universo como o corolário da sua negação da existência de um Criador Inteligente, e na substituição de motivos psíquicos de ação mais nobres por apetites e interesses egoístas, que é a consequência prática dessa negação teórica. E, como a realização prática de uma teoria tão simplesmente dissolvente como a do materialismo resultaria necessariamente na destruição, não só do que chamamos de "sociedade", mas da própria raça humana, é natural que o prospecto de deterioração e ruína assim apresentado deva encher de desalento as mentes daqueles que ainda não aprenderam a considerar *todos* os estados como essencialmente transitórios, e a ver, em *todos* os modos de dissolução, apenas a destruição de formas perecíveis que foram temporariamente assumidas como elementos imperecíveis — apenas uma libertação desses elementos, como a preliminar indispensável à sua recombinação em alguns modos novos de união temporária.

Mas a "dissolução" das ideias velhas, da qual a prevalência presente do materialismo é o primeiro resultado, parece, num exame mais atento do assunto, não ser exceção à lei consoladora da ordenação Providencial, que faz do que chamamos "morte" o antecursor e anunciador do que chamamos "vida". Pois a negação materialista das ideias, tanto de um Poder Criativo e Super-regente distinto da criação, quanto da alma, assim como do dever, da responsabilidade e do destino humanos, é menos uma negação dessas intuições fundamentais da mente humana, do que uma rejeição das assunções teóricas inconsistentes e arbitrárias sobre as quais até agora elas estiveram repousadas; e a hipótese materialista deve, portanto, ser considerada como apenas uma fase passageira da reação da ciência moderna contra assunções que devem necessariamente ser eliminadas antes que esses elementos fundamentais da crença humana possam ser seguramente estabelecidos sobre o terreno sólido da convicção científica e racional. *Pois essas assunções — não reconhecer nenhuma comunidade de origem ou de destino entre as várias ordens de seres, e, consequentemente, nenhuma identidade de propósito nas evoluções da existência, mas, ao contrário, separar esses seres em categorias desconexas e substituir a cooperação pré-ordenada por antagonismos permanentes — impedem a determinação da única base consistente de crença no Criador e na imortalidade.* O protesto materialista contra essas assunções está, portanto, prestando um serviço imenso às ideias que ele mira destruir; pois está involuntariamente preparando o caminho para o estabelecimento de uma teoria unitária — cuja necessidade está começando a ser geralmente, embora vagamente, sentida — que deverá combinar todos os fatos da existência em uma síntese grande, abrangente, e assim fornecer a chave para os problemas das origens e fins que até agora baldaram a investigação mais aguçada.(ND1) E, como é apenas por meio da solução desses problemas que podemos chegar a uma crença racional na existência de um Criador Beneficente e Super-regente do universo e a uma aceitação racional das tão importantes consequências morais inseparáveis dessa crença, é evidente que o que quer que tenda a minar essas assunções arbitrárias e errôneas está limpando o terreno para o estabelecimento do teísmo científico, que — como a única garantia certa da eterna persistência do princípio espiritual, o único fundamento sólido da ciência física e o único guia seguro para a elucidação das questões sociais — é a necessidade mais urgente dos dias presentes.

A tendência real do materialismo moderno é ao estabelecimento dessa síntese unitária. Compelido, pela identidade entre os seus constituintes químicos e os fenômenos vitais, a atribuir uma origem e um destino comuns às várias ordens de seres que povoam nosso globo, e sendo incapaz de uni-los em qualquer terreno comum de *espiritualidade*, o materialista ensaia uni-los num terreno comum de *materialidade*. Sendo o ponto de vista do mundo visível demasiado estreito para permitir a construção, por isso mesmo, de uma teoria que possa reconciliar os fatos da vida e o fato da morte com a crença num Criador Beneficente e Super-regente do universo (a partir de cuja crença, a admissão de um elemento espiritual distinto da matéria é inseparável), o materialista se empenha — eliminando essa crença e, consequentemente, negando a existência de um elemento espiritual — em trazer essas várias ordens de seres e de fatos para dentro do escopo de uma fórmula comum. Vendo apenas matéria, ele a toma como sua base de especulação. Atribuindo à matéria a "propriedade" da força, ele faz dela a causa do movimento; e, atribuindo a ela as propriedades da alma, torna-a a fonte dos fenômenos imateriais. Incapaz de imaginar um começo do universo material, ele credita à matéria a capacidade de evolução ordenada que é o resultado e a evidência da Super-regência Divina e, assim, dota-a com a *AUTOEXISTÊNCIA* que é a característica distintiva do *CRIADOR*. Negando — ou atribuindo a assumidas "propriedades da matéria" — todos os fatos indicativos da concorrência da *alma*, da *força* e da *matéria* para os fenômenos da existência, e da ação da *INTELIGÊNCIA AUTOEXISTENTE* para a coordenação desses três elementos constituintes do universo, o materialista chega a uma base de raciocínio que parece ser unitária, mas que é unitária só na aparência; e constrói, sobre essa base incompleta e ilusória, uma teoria da existência, a qual — como tentativa de chegar à formação da síntese unitária que será o farol do futuro — constitui um avanço sobre os antagonismos teóricos do passado, mas que é, em realidade, tão parcial e inconsistente quanto as várias assunções infundadas que ela dissipa.

Mas, como o Sol, não obstante os vapores terrestres que velam seu esplendor, continua a desempenhar suas funções benéficas como o regente do sistema de mundos dependentes que revolvem em torno dele, assim a Super-regência Divina — não tolhida por negação humana — provê o remédio apropriado para a aberração materialista, permitindo que os espíritos dos assim chamados "mortos" nos deem evidências incontroversas da sua existência continuada além do túmulo e, assim, forneçam ao mundo — justo quando o deslumbre da descoberta física o está cegando para a existência do princípio espiritual — as provas visíveis e tangíveis da realidade e imortalidade desse princípio que eventualmente colocará nossas convicções, a respeito do elemento espiritual de nossa natureza composta, sobre a mesma base da ciência positiva que subjaz às nossas convicções a respeito dos fatos de nossa existência física.

É evidentemente impossível superestimar a influência que o estabelecimento da comunicação inteligente entre a superfície e a esfera espírita do nosso planeta deve necessariamente exercer na formação da nova fase de convicção e de ação para a qual estamos tendendo [(ND2)], não obstante os inconvenientes que possam parecer, à primeira vista, diminuir o valor dos resultados a serem esperados dessa comunicação.

Sendo os dois domínios de existência, compostos pela superfície e pela esfera espírita do nosso planeta, "parte e parcela" um do outro e sujeitos à mesma lei de progresso lento e gradual, devemos esperar encontrar — como já está, de fato, abundantemente evidente — que a ignorância de princípios gerais, retenções de preconceito e erro, bem como declarações contraditórias baseadas em impressões, suposições e especulações individuais, estejam tão alastradas do outro lado do túmulo quanto do lado de cá. Semelhante atraindo semelhante, é evidente que cada médium usualmente atrairá apenas espíritos do mesmo adiantamento médio que o seu próprio, e que as dificuldades inerentes à arte da manifestação espírita devem necessariamente impedir — no presente e, talvez, num longo tempo por vir — a livre e correta transmissão de pensamento das regiões mais altas do mundo espírita. Mas é igualmente evidente que, não obstante esses inconvenientes — que são devidos ao atraso geral de nosso planeta, e dos quais só se pode livrar por meio do progresso gradual de ambas as classes de sua população —, a comunicação que é agora estabelecida, em todo ponto de sua superfície, entre o nosso globo e o mundo espírita, deve, apesar disso, exercer uma influência determinante sobre o seu desenvolvimento futuro.

Em primeiro lugar, essa comunicação generalizará a certeza da sobrevivência da alma, com suas atividades e afeições, após a morte do corpo; uma sobrevivência a respeito da qual a vasta maioria da humanidade não tem, ainda, nenhuma crença nítida e esclarecida, e que não tem, consequentemente, nenhuma influência prática em sua ação. E, embora essa sobrevivência não baste para provar a indestrutibilidade da alma — pois o prolongamento da sua existência por poucas centenas, milhares ou mesmo milhões de anos não significa uma prova certa de que será *prolongada por toda a eternidade*, o que, como apontado previamente, só pode ser provado com certeza absoluta como dedução de uma teoria unitária da existência —, ainda assim, se a comunicação espírita não tivesse nenhum outro resultado que o de mostrar que a alma não morre com o corpo, e que não há, consequentemente, nenhuma impossibilidade inerente à ideia de seu ser destinado a uma duração eterna, o fato dessa comunicação ainda poderia ser incomparavelmente mais interessante em si mesmo, e mais importante em sua influência sobre as convicções e ações futuras da humanidade, do que todas as descobertas puramente físicas que são a glória da ciência positiva de nossos dias.

Mas a comunicação em questão está evidentemente destinada a produzir um resultado muito mais importante do que o mero estabelecimento da presunção em favor da nossa existência eterna, que é dedutível da sobrevivência da alma, por um período mais longo ou mais curto, após a morte do corpo. Pois, enquanto é evidente que a grande massa de comunicações medianímicas pode apenas ser um reflexo das ideias atuais dos espíritos que estão mais próximos à Terra e dos médiuns a quem eles são simpaticamente atraídos, é igualmente evidente que a generalização da medianimidade habilitará as inteligências mais adiantadas, que estão dirigindo a transformação de ideias sendo agora efetuada em nosso mundo, a selecionar os médiuns mais adequados para servirem como o canal dos avisos sugestivos que elas possam ter a nos dar e, assim, a nos assistir em elaborar a explicação geral do Plano Criativo, o qual — como deve necessariamente envolver as relações do presente com o passado e o futuro, e as da nossa Terra e suas raças com os outros domínios e seres da infinidade — nunca pode ser elaborado por meio de quaisquer desassistidos esforços de observação e indução de nossa parte, mas só pode ser alcançado por nós com a ajuda daqueles cujo adiantamento superior os habilita a tomar uma visão mais ampla dos arranjos Providenciais do que o que é atingível a partir ponto de vista mais baixo da observação humana; explicação que as descobertas progressivas da ciência irão elucidar e confirmar, e que, esclarecendo-nos a respeito da *natureza e das condições da existência da alma*, nos dará, a uma só vez, a *base racional* e a *certeza* da duração eterna de cada alma individualizada, assim como o objetivo e o resultado desses arranjos.

A suposição de tal transmissão de ensinamento a partir de um ponto de vista mais alto que o da nossa vida presente — como consequência a ser naturalmente antecipada a partir da comunicação sendo agora estabelecida entre espíritos e homens — necessariamente pressupõe a nossa incapacidade de antever, em sua inteireza, as ideias que serão transmitidas gradualmente por esse ensinamento. Mas é evidente que, a fim de nos pôr na trilha da unidade teórica sendo agora buscada, mais ou menos conscientemente, pelos pensadores mais avançados da época, esse ensinamento mais alto deve fazer três coisas:

1. Deve provar a origem, a lei de desenvolvimento e o destino comuns, de todas as criaturas do universo, da mais baixa à mais alta, mostrando que todas as formas de sofrimento e esforço, de vida e morte, resultam da sua comunidade de origem e de destino, e ocorrem em virtude de um Plano e Propósito unitários que ligam juntos, numa cadeia de progresso sem fim, todos os reinos, modos e domínios da criação.

2. Deve vindicar a Sabedoria, a Justiça e a Beneficência do Governo Divino, mostrando-nos (i) que as várias ordens de seres constituem os elos sucessivos dessa cadeia; (ii) que as suas diferenças corporais e desigualdades mentais marcam graus sucessivos da mesma escala geral de evolução, passos sucessivos da estrada comum para o alvo comum; e, (iii) que eles só nos parecem heterogêneos e desconectados, porque os vemos todos ao mesmo tempo e fora da sequência natural da sua produção, e somos, portanto, incapazes de perceber a filiação ordenada segundo a qual — pudesse nosso olhar abranger a origem, a carreira e o fim de nosso planeta, e as relações das suas raças com os outros mundos e seres do universo — veríamos que eles foram produzidos. Pois uma teoria unitária da existência deve necessariamente nos mostrar que o universo é uma *unidade*; — que a "criação" não é *local*, mas *geral*, não *um ato*, mas um *processo*, cujo único objetivo é o desenvolvimento e a educação da alma por meio da ação que ela é levada a exercer sobre os elementos da matéria, de acordo com o Plano Criativo; — que a alma é o princípio formativo

de todas as aglomerações temporárias desses elementos que chamamos "corpos", e que todos os "corpos" naturais, do mais simples ao mais complexo, do mais baixo ao mais alto, são meros resultados temporários da ação passada ou presente da alma, sobre o elemento material, nos vários estágios de sua educação; — que não há, consequentemente, nenhum "universo" fixo e permanente, mas apenas uma sucessão de fenômenos temporários, constituídos, para o momento, pela ação da alma, e que a duração de uma nebulosa, com suas incontáveis miríades de sóis e de planetas, é tão mudável e efêmera, considerada em sua relação com a eternidade, quanto a da mosca-efemérida que vive e morre num único dia; — e que todas as nossas ciências positivas — Química, Geologia, Astronomia, Eletricidade, Mineralogia, Botânica, Fisiologia, História Natural etc. — são meros resumos dos modos de ação da alma, nas direções especiais com as quais elas lidam separadamente.

3. Deve explicar a mistura de verdade e falsidade nas várias "crenças" do passado, como tendo resultado das imperfeições das fases do desenvolvimento humano nas quais elas surgiram; e deve tomar o lugar dessas "crenças", não *destruindo*, mas *cumprindo*, seus alcances aspiracionais, como os funcionamentos da raiz, do caule e da flor são *cumpridos* no fruto.

Vamos agora brevemente examinar as consequências dedutíveis da ideia da síntese unitária para a qual vimos que o movimento mental da época está tendendo, a respeito, primeiro, da *crença* e, em seguida, das *formas sociais*, do futuro.

1. A ideia de uma teoria unitária da existência pressupõe necessariamente o fato de um Plano Unitário na produção e na manutenção do universo, e, assim, implica a continuidade eterna da Ação Criativa pela qual nós e todas as outras ordens de criaturas fomos chamados a ser, e a continuidade eterna da mesma lei de desenvolvimento à qual nós e elas estamos agora sujeitos.

2. A continuidade da Ação Criativa implica que nunca houve um período, na eternidade do passado, em que as criaturas de uma criação anterior não tivessem já atingido a "perfeição" relativa de conhecimento, amor e poder, que é o objetivo da criação e a fonte da felicidade de todas as criaturas.

3. O atingimento dessa "perfeição" relativa, pelos es-

píritos de criações anteriores, implica o emprego desses espíritos relativamente "aperfeiçoados" em campos de atividade cósmica proporcionais, em grandeza e importância, ao grau do seu avanço científico e moral.

4. A chegada das criaturas das anteriores criações a esses campos mais altos de atividade (os "Tronos, Principados, Potestades"[6] dos vice-gerentes a quem a administração prática do universo é confiada pelo *Criador*) implica que nós, e todas as outras criaturas da criação posterior à qual nossa Terra e sua população pertencem — e as de todas as inumeráveis criações futuras que se sucederão umas às outras por toda a *eternidade* — deveremos eventualmente chegar à mesma elevação.

5. O atingimento da mesma elevação por todas as criaturas do universo implica a passagem para cima, de todas essas criaturas, através dos mesmos graus sucessivos de desenvolvimento, e assim, confirma o primeiro discernimento religioso do nosso globo, como registrado nos primeiros dos seus "Escritos Sagrados", que declaram expressamente que "*Parentes, bestas, pedras, vegetais, são todos um; o que eles são, um homem foi*"[7]: uma declaração equivalente a afirmar que o que um homem é, eles serão.

6. E essa unidade de origem, de treinamento e de destino implica, por sua vez, as duas grandes doutrinas relacionadas expressas, com mais ou menos clareza, em todas as "Bíblias" do mundo e nos escritos dos seus maiores pensadores, dos primeiros tempos aos dias presentes, a saber, (i) a preexistência da alma ao corpo que ela anima, e (ii) a progressão gradual da alma em conhecimento, virtude, poder e felicidade, através de sucessivas corporificações no mesmo planeta, ou em planetas de grau cada vez mais alto, até alcançar o grau de desenvolvimento mental, moral e corporal que o alça acima da necessidade de qualquer conexão adicional com a matéria planetária, e o introduz nos mais nobres modos de ser que estão vagamente pressagiados, em todas essas "Bíblias", como a existência "glorificada" que nós vamos eventualmente atingir[8], mas de cuja natureza somos incapazes, em nosso presente nível baixo de atingimento, de formar a mais remota concepção.

---

[6] Ordens angelicais, mencionadas pelo apóstolo Paulo em Colossenses 1:16. (Nota do tradutor, a partir de agora: N. T.)

[7] *Vide* as Tríades Druídicas, Bhagavad Gita, etc.

[8] Por exemplo, em Romanos 8:17; 1 Coríntios 15:40-44; Filipenses 3:21. (N. T.)

Nenhuma teoria que não cumpra as condições aqui traçadas pode satisfazer a necessidade mental dos nossos dias, pois nenhuma outra poderia alegar ser *unitária*; porque nenhuma outra poderia explicar as afinidades e a construtividade do reino mineral; a vitalidade, a digestão, a circulação, o adormecimento e o despertar, as atividades, as preferências, os esforços, as doenças e a morte do reino vegetal; a inteligência, as paixões e os sofrimentos do reino animal; as condições desiguais, as aflições, as aspirações e a progressividade da raça humana; e a persistência, em cada reino ascendente, das características especiais dos reinos abaixo dele: e porque, sem essa explicação coerente e abrangente, é impossível demonstrar a existência de um Autor, Sustentador e Regente Beneficente e Onipotente do universo, — provar a existência de qualquer unidade, seja de natureza ou de destino, entre os seres dos vários reinos do nosso planeta, ou entre estes e os outros seres do universo, — justificar a concepção da irmandade da raça humana, — ou perceber a *base racional* do sublime resumo de Cristo acerca da totalidade de aspiração e de realização construtiva, em sua oração profética para que a "Vontade" do CRIADOR possa "ser feita *na terra*, assim como é feita" nos domínios mais avançados do ser[9], cujos habitantes aprenderam a praticar a lição da *conformidade com as leis impostas pelo Ordenamento Criativo*, que *nós* estamos agora sendo levados a aprender por meio da disciplina da vida terrena; todas essas concepções, sem o substrato sólido que só pode ser fornecido a elas por uma teoria unitária da existência, devem ser consideradas como meras invenções infundadas da imaginação.

É evidentemente impossível prever os detalhes das instituições sociais que terão seu surgimento na fase de "crença" unitária para a qual estamos tendendo, assim como antever todas as ideias que estarão compreendidas nessa "crença". Mas pode ser assumido com segurança, por um lado, que essas instituições crescerão a partir das experiências e aspirações do nosso passado e as coroarão; e, por outro lado, que elas, no entanto, diferirão das do passado tão amplamente quanto as convicções do futuro diferirão dos nossos "credos" anteriores. Pois as instituições do passado — crescendo a partir de uma percepção

[9] Paráfrase de um trecho da oração de Jesus, o "pai nosso", Mateus 6:10 e Lucas 11:2. (N. T.)

de diversidades e de antagonismos que foram supostos como inerentes à natureza das coisas, e atribuindo uma falsa e exagerada importância às condições presentes de uma vida terrena que foi suposta como a nossa única — necessariamente corporificaram o egoísmo individual e social implicado nessas suposições.(ND3) Mas as instituições do futuro — crescendo a partir de uma visão da existência na qual todas as criaturas do universo são vistas viajando para diante, do mesmo ponto de partida, pela mesma estrada, para o atingimento do mesmo destino, e na qual os interesses de *cada um* são percebidos como inseparáveis dos de *todos* — necessariamente corporificarão a convicção de que, não só é o "amor", em verdade literal, o único "cumprimento da lei" da criação (ND4), mas de que *nós só podemos assegurar nossos próprios interesses e felicidade individuais substituindo os arranjos divergentes e antagônicos, que fazem de* TODOS *rivais e inimigos de* CADA UM, *pelos arranjos convergentes e cooperativos que assegurarão a* CADA UM *a ajuda e o suporte de* *TODOS*.(ND5)

Portanto, pode ser assumido com segurança que o *individualismo* e o *antagonismo*, que têm caracterizado os arranjos sociais do passado, serão sucedidos pela *aplicação do princípio de cooperação* (ND6), como a característica dos arranjos sociais do futuro. Ninguém, nestes dias, contestaria a vastidão do poder alcançável a partir da união de vontades e esforços na realização de qualquer objetivo dado; mas comparativamente poucos estão ainda cientes de quão enormes são os resultados econômicos que seriam obtidos — em relação tanto à *produção* quanto ao *emprego* de todos os elementos do bem-estar humano — a partir da aplicação do princípio de cooperação, de ajuda mútua, aos vários interesses e ocupações da vida.(ND7) Se o espaço permitisse, seria fácil mostrar que, assim como todos os males morais resultam da substituição do sentimento de justiça e de caridade pelo amor-próprio, assim também todos os males do nosso estado social resultam da substituição da cooperação e da ajuda mútua pelo individualismo e o antagonismo, e só podem ser tratados com sucesso substituindo *individualismo* por *cooperação*.

Ignorância, pobreza, brutalidade, pauperismo, prostituição, servidão, guerra, vício, doença, injustiça, nunca podem ser impedidos de produzir os seus efeitos naturais; e todos os nossos vários esforços filantrópicos para *melhorar* o que é *radicalmente mau* cabem ser felicitados principalmente porque eles necessariamente levarão, com o tempo, a um reconhecimento da impossibilidade de diminuir os males do nosso estado social de outro modo que não nos livrando das causas às quais esses males são devidos (ND8): um resultado que, como estará evidente a todos que reflitam desapaixonadamente sobre a natureza desses males e as condições requeridas para eliminá-los (ND9), só pode ser conseguido pela adoção de modos de vida que devem assegurar, a todo membro da família humana, o desenvolvimento pleno e saudável da sua natureza física, mental, artística e moral (ND10), e uma esfera de atividade conforme sua afinidade (ND11), na qual ele irá, a uma só vez, contribuir para o bem-estar geral e se beneficiar de tudo o que foi alcançado pela indústria, pela arte, pela ciência e pelo gênio de todos os seus outros membros.

"*Pratiquem* minha doutrina simples de fraternidade e caridade", disse o Grande Professor[10], mil e oitocentos anos atrás, "e todas as outras coisas serão acrescentadas a vocês" (ND12); em outras palavras — *enquanto a busca exclusiva dos seus próprios interesses por cada indivíduo necessariamente derrota a si mesma* —, a aplicação prática dos princípios de irmandade e de ajuda mútua, que, neste décimo nono século, é brevemente expressa pelo termo *cooperação*, dará conforto, saúde, conhecimento, elegância, seguridade, para todos.(ND13)

A aplicação à vida social de princípios que são universalmente aceitos na teoria, mas universalmente rejeitados na prática, só pode ser efetuada gradualmente, por meio de experimentos repetidos, e com a ajuda da experiência colhida de falhas parciais e temporárias. Mas, embora tal transformação da sociedade deva necessariamente ser laboriosa e lenta, ninguém que acredite na supremacia do bem sobre o mal, ninguém que perceba os sinais do alvorecer em meio à escuridão do presente, pode duvidar de que ela será eventualmente alcançada, e do modo implicado nas palavras de Cristo, a saber, pela *aplicação do princípio de ajuda cooperativa a todo departamento da vida humana*; uma implementação prática da lei de irmandade e caridade (ND14), que se tornará possível na proporção, *e só na proporção,* em que o fato da comunicação inteligente,

[10] Paráfrase e interpretação do ensinamento de Jesus, em Mateus 6:33 e Lucas 12:31: "Buscai primeiro o Reino de Deus e sua justiça, e todas essas coisas vos serão acrescentadas". (N. T.)

entre almas na carne e almas no mundo espírita, trouxer seu fruto natural ao alargamento do horizonte mental da humanidade, e à definição da verdadeira natureza e do objetivo da existência terrestre. Pois, sendo os males do nosso estado social devidos, como vimos, às visões estreitas da vida e do destino humanos prevalecentes até agora no mundo, a persistência dessas visões necessariamente perpetuaria as condições sociais defeituosas nas quais essas visões estão corporificadas; e, portanto, pode ser asseverado amplamente que tal transformação das condições sociais só pode ser conseguida por meio da modificação das ideias, dos motivos e dos objetivos humanos, que será necessariamente efetuada, mais cedo ou mais tarde, como o resultado dessa comunicação.

A possibilidade de tal substituição do antagonismo pela cooperação, sendo uma vez admitida, quem se aventuraria a assinalar um limite para a melhoria da existência humana que deve resultar de uma transformação tão radical das suas condições sociais? As condições sociais atuais da nossa Terra, sendo más, atraem a ela almas de um adiantamento muito pequeno [(ND15)], cuja baixeza corresponde ao, e é perpetuada pelo, mal circundante em que elas nascem, e que elas, por sua vez, ajudam a perpetuar.[(ND16)] O estabelecimento de condições sociais melhores, ao contrário, atrairá à Terra almas de maior adiantamento, já adequadas para aproveitar essas condições melhoradas, e por quem essas condições serão ainda mais melhoradas [(ND17)]; até que — por meio da melhoria gradual assim alcançada pelos esforços de gerações sucessivas — nossa Terra tenha se tornado a morada da retidão, da fraternidade e da paz, prefigurada nas breves, mas fecundas, palavras de Cristo.

Qual imaginação, de pintor ou de poeta, poderia antever a glória, a beleza, a felicidade, da vida terrena sob tais condições, castificada e enobrecida como ela estaria pelo conhecimento — devido à nossa comunicação com espíritos de maior adiantamento — de que a vida terrestre, mesmo sob tais condições melhoradas, pode só ser o degrau, o portal, para estados mais altos do ser, e que os seus refinamentos mais primorosos só são valiosos ao nos educarem para modos de existência eterizada além da região dos mundos planetários? Pois, como já vimos, tal transformação das condições sociais da nossa Terra só pode ser conseguida por meio de uma transformação das nossas "crenças" científicas, filosóficas e religiosas, que nos levará a adotar uma visão nova da vida humana; — uma visão que, por um lado, reduzirá nossa estimativa da *importância intrínseca* de um tempo de vida terreno, mostrando-nos que é apenas *um passo* da carreira sem fim que temos diante de nós, enquanto que, por outro lado, aumentará, incomensuravelmente, nossa estimativa da sua *importância relativa*, mostrando-nos que *o uso que fazemos de cada fase da nossa existência decide o caráter da próxima fase da nossa carreira*.

Notas Doutrinárias

Ao *Primeiro Ensaio Premiado*,
de Anna Blackwell (ND1 a ND17).

ND1 – Na obra de Allan Kardec, temos semelhante reflexão a respeito do movimento providencial das ideias materialistas, para limpar os abusos e erros do passado, permitindo a vinda das ideias espíritas depuradas, afeitas à ciência e à razão:

> A França dos últimos séculos, zombeteira e ocupada de uma filosofia que, querendo destruir os abusos da intolerância religiosa, extinguia sob o ridículo tudo o que era ideal, a França devia afastar o espiritismo, que não cessava de progredir no norte. Deus tinha permitido essa luta das ideias positivas contra as ideias espiritualistas, porque o fanatismo se fizera uma arma destas últimas; agora que os progressos da indústria e das ciências desenvolveram a arte de bem viver a tal ponto que as tendências materiais se tornaram dominantes, Deus quer que os Espíritos sejam reconduzidos aos interesses da alma; quer que o aperfeiçoamento do homem moral se torne o que deve ser, quer dizer, o fim e o objetivo da vida. O Espírito humano segue uma marcha necessária, imagem da gradação sofrida por tudo o que povoa o universo visível e invisível; todo progresso chega em sua hora: a da elevação moral chegou para a humanidade; ela não terá ainda seu cumprimento em vossos dias; mas agradecei ao Senhor por assistirdes à aurora bendita. (*O Livro dos Médiuns*, pt. II, cap. XXXI, nº XI. Os destaques, em todas as notas subsequentes, são meus.)

ND2 – Alguns objetam que haja relação entre política e Espiritismo, mas essa objeção jamais procedeu. Vamos conhecer, agora, a total relação do Espiritismo com a política, ou melhor, o aspecto político, social, próprio da doutrina espírita.

A doutrina espírita afirma que o ser humano foi feito para viver em sociedade, não podendo se furtar a essa condição *por natureza*, em virtude de lei divina, a *lei de sociedade*. Neste ponto, as afirmações doutrinárias guardam estreita convergência com as do filósofo Aristóteles, na sua *Política*, livro I. Assim diz o Espiritismo:

> A vida social está na natureza? 'Certamente; Deus fez o homem para viver em sociedade.' (Allan Kardec, *O Livro dos Espíritos*, nº 766.)
>
> O homem deve progredir; sozinho, ele não o pode, porque não tem todas as faculdades; é-lhe preciso o contato dos outros homens. No isolamento, ele se embrutece e se estiola. (Idem, nº 768.)
>
> Nenhum homem tem faculdades completas; pela união social, eles se completam uns pelos outros para assegurar seu bem-estar e progredir; é por isso que, tendo necessidade uns dos outros, são feitos para viver em sociedade e não isolados. (*Id.*, nº 768 e nota.)

Por tal razão, o ensinamento espírita nunca negligenciou preocupações com a vida presente, material, social. As obras de Allan Kardec sempre enfatizaram que o Espiritismo abarca tanto o ser espiritual quanto o homem em sua vida material e todas as questões de ordem social (que vem a coincidir com o político), como se constata:

> Mas, onde se detém a crença do espiritismo, dir-se-á? Lede, observai, e o sabereis. Toda ciência não se adquire senão com o tempo e o estudo; ora, o espiritismo, que toca às questões mais graves da filosofia, a todos os ramos da ordem social, que abarca a uma só vez o homem físico e o homem moral, é ele mesmo toda uma ciência, toda uma filosofia que não pode mais ser aprendida em algumas horas do que toda outra ciência. (Allan Kardec, *Livro dos Médiuns*, pt. I, cap. II, nº 13.)
>
> Não nos enganemos: o estudo do Espiritismo é imenso, toca a *todas as questões* da metafísica *e da ordem social*, e é todo um mundo que se abre diante de nós. (Allan Kardec, *O Livro dos Espíritos*, introdução, XIII.)
>
> Aquele que não conhece do Espiritismo senão o movimento das mesas vê nele apenas um divertimento ... e

não compreende que esse fenômeno, tão simples e tão vulgar, ... pudesse *se prender às mais graves questões da ordem social.* (*Idem*, conclusão, I.)

Os frutos que o homem deve retirar dela [da revelação espírita] *não são somente para a vida futura; ele os gozará sobre a Terra* pela transformação que essas novas crenças devem necessariamente operar *sobre seu caráter*, seus *gostos*, suas *tendências* e, por consequência, sobre os *hábitos* e as *relações sociais*. Pondo *fim ao reino do egoísmo*, do orgulho e da incredulidade, *elas preparam o do bem, que é o reino de Deus anunciado pelo Cristo*. (Allan Kardec, *A Gênese*, cap. I, nº 62.)

O Espiritismo ..., *tocando a todos os ramos da economia social, às quais presta o apoio de suas próprias descobertas, assimilará sempre todas as doutrinas progressivas,* de qualquer ordem que sejam. (*Idem*, nº 55.)

Que se siga a fileira das consequências forçosas deste único fato: a existência do mundo invisível em torno de nós, e chega-se a uma transformação completa, inevitável, nas ideias, à destruição dos preconceitos e dos abusos que delas decorrem *e, por consequência, a uma modificação das relações sociais*. Eis aonde chega o Espiritismo. Sua doutrina é o desenvolvimento, a dedução das consequências do fato principal do qual ele acaba de revelar a existência; essas consequências são inumeráveis, porque, *cada vez mais de perto, elas tocam a todos os ramos da ordem social, no físico tão bem quanto no moral*. É o que compreendem todos os que se deram ao trabalho de estudá-lo seriamente. (Allan Kardec, *Revista Espírita*, ago. 1868, "O jornal *A Solidariedade*".)

Em que consiste a missão dos Espíritos encarnados? "Instruir os homens, ajudar em seu avanço; *melhorar suas instituições por meios diretos e materiais*". (Allan Kardec, *O Livro dos Espíritos*, nº 573.)

O filósofo espírita Léon Denis define assim o Espiritismo:

O Espiritismo é, ao mesmo tempo, uma ciência positiva, uma filosofia, *uma doutrina social*. (Léon Denis, *Síntese espiritualista doutrinal e prática*, nº 89.)

E o mesmo traz a reflexão:

Como não perceber que o problema religioso envolve o problema político, econômico, e que toda solução deste último não tem senão o valor de uma hipótese enquanto não se resolver o primeiro? (Léon Denis, *Socialismo e Espiritismo*, cap. II, citando E. Quinet.)

Como *doutrina social*, portanto, *o Espiritismo tem uma orientação social ou política para a sociedade*, como vemos nestas claras observações espíritas, embasadas nas passagens anteriores:

> Criaríamos uma *ilusão anti-espírita se acreditássemos na possibilidade dessa abstenção política*, alvitrada por alguns confrades, em diversas ocasiões. (J. Herculano Pires, *O sentido da vida*, cap. "Sociologia espírita", p. 78.)
>
> *O Espiritismo prepara os alicerces conceptuais do Novo Mundo*. É por isso que *não podemos esquecer os problemas sociais levantados pela Doutrina*, no desenvolvimento natural dos princípios do Cristianismo. *Estudar, debater, aprofundar esses problemas e condicionar nossa vida, a nossa atividade social* às suas diretrizes, no trabalho vivencial de *transformação do mundo*. (J. Herculano Pires, *O Reino*, cap. 8.)
>
> A Doutrina Espírita, codificada por Allan Kardec, com a publicação de *O Livro dos Espíritos*, revelou-se um conjunto de princípios que se relaciona com todas as áreas do conhecimento humano. Especificamente a Terceira Parte – "Das leis morais" – de *O Livro dos Espíritos* tange de modo direto à Filosofia, à *Economia, ao Direito, à Sociologia, à Educação e à Política*. ... O espírita não pode declinar da sua cidadania e deve vivenciá-la de forma consciente e responsável. ... De se entender, então, que *não pode o espírita alienar-se no seio da sociedade em que vive, com a desculpa de que Espiritismo e política não têm nada que ver*, pois é preciso lembrar que a vida material e a vida espiritual são dimensões contínuas da própria Vida. *O Espiritismo* em seus aspectos científico, filosófico e religioso *tem muito a ver com a compreensão e a organização da sociedade*, a fim de que ela seja mais justa e amorosa e, através de seus adeptos, *atue para a realização do Reino de Jesus* – Reino da Verdade, do Amor e da Justiça – *sobre a face da Terra*. Por isso, devemos entender que *são indispensáveis o Espiritismo e a política para uma nova sociedade*. (Aylton Paiva, *O Espiritismo e a política para a nova sociedade*, Ed. Dicesp, "Apresentação".)

E o mesmo autor complementa, sobre a *ação social* do espírita:

> O espírita tem que participar e influenciar na sociedade em que vive, procurando levar às *instituições que a estruturam* os valores e normas do Espiritismo. Isso é uma *participação política*. Não pode preocupar-se apenas com a reforma íntima, isolando-se em um 'oásis de indiferentismo' pela sociedade em que vive. É verdade que essa *ação política* conflitará com os interesses dos egoístas e orgulhosos, individualmente ou em grupos. Assim, essa *ação política deve objetivar o bem comum*. Aqueles que pretendem o bem não podem se omitir e essa participação liga-se profundamente com a caridade, pois amar é querer o bem." (*Idem*, cap. 13, "A ação social espírita", p. 108.)

Daí sempre termos em vista uma *nova fase para a humanidade*, não só de convicção, mas, como diz A. Blackwell, de *ação do homem no mundo*, ação *transformadora, regeneradora, coletiva*. Essa *nova fase de ação social transformadora*, condizente com as crenças novas representadas pelo Espiritismo, está consagrada na doutrina espírita como a grande tarefa para a qual esta mesma veio ao mundo. Allan Kardec explica que o primeiro período do Espiritismo foi o da *curiosidade*, o segundo, o *período filosófico*, o terceiro, o *período da luta* de ideias, no qual se estava em seu tempo, e o processo compreende sua culminância na *transformação social da Terra*:

> A luta determinará uma nova fase do Espiritismo e levará ao quarto período, que será o *período religioso*; depois virá o quinto, período *intermediário*, consequência natural do precedente e que receberá mais tarde sua denominação característica. O sexto e último período será *o da renovação social*, que abrirá a era do vigésimo século. Nessa época, todos os obstáculos à *nova ordem de coisas querida por Deus* para a *transformação da Terra* terão desaparecido; a geração que se eleva, *imbuída das ideias novas*, estará em toda a sua força, e preparará a via da que inaugurará o *triunfo definitivo da união, da paz e da fraternidade entre os homens* confundidos numa mesma crença pela prática da lei evangélica. (*Revista Espírita*, dez. 1863, "Período da luta".)

Na lista abaixo, temos alguns exemplos de *posicionamentos políticos, econômicos e sociais* da doutrina, presentes nas obras de Allan Kardec:

Escravidão: *contra* (*O Livro dos Espíritos*, nº 829 a 832.)

Emancipação da mulher: *a favor* (*O Livro dos Espíritos*, nº 817 a 822.)

Pena de morte: *contra* (*O Livro dos Espíritos*, nº 760 a 765.)

Desigualdade social, privilégios legais: *contra* (*O Livro dos Espíritos*, nº 705, 711, 717, 793, 806, 888, etc.)

Opressão e exploração do trabalho, jornada excessiva: *contra* (*O Livro dos Espíritos*, nº 682, 684, 707, 807, 862.)

Inviolabilidade do direito à propriedade: *contra* (*O Livro dos Espíritos*, nº 707, 808, 884, 885, 918; *O Evangelho segundo o Espiritismo*, cap. XVI, nº 9, etc.)

Previdência, seguridade social, economia coletiva: *a favor* (*O Livro dos Espíritos*, nº 685, 704, 793, 881, 888, 916, 930; *O que é o Espiritismo*, cap. II, nº 100, etc.)

Racismo, preconceitos: *contra* (*O Livro dos Espíritos*, nº 799; *A Gênese*, cap. I, nº 36; *Revista Espírita*, out. 1861, "Discurso..."; jun. 1867, "Emancipação...".)

Educação universal: *a favor* (*O Livro dos Espíritos*, nº 685, 796, 813, 872, 889, 914, 917.)

Guerra: *contra* (*O Livro dos Espíritos*, nº 743, 745.)

Tortura, crueldade: *contra* (*O Livro dos Espíritos*, nº 752, 763, 1009 §5.)

Tolerância religiosa: *a favor* (*A Gênese*, cap. I, nº 24; cap. XVII , nº 30, 31; cap. XVIII, nº 23, 32.)

Barreiras nacionalistas: *contra* (*A Gênese*, cap. XVII, nº 32; cap. XVIII, nº 19, 21.)

Progresso social, melhoria das leis e instituições: *a favor* (*O Livro dos Espíritos*, nº 776 a 802, 894, 914, 917; *O Evangelho segundo o Espiritismo*, cap. I, 8, cap. III, cap. V, 20; *A Gênese*, cap. XVII, 56; cap. XVIII; *Obras Póstumas*., pt. II, "Futuro do Espiritismo", etc.)

E a lista se seguiria com ainda muitos outros assuntos; obviamente, não pretendemos esgotar os assuntos e posicionamentos sociopolíticos da doutrina aqui, mas permitir ver que estão muito presentes nela. Trataremos, ao longo da obra, de algumas posições centrais, com as devidas referências.

ND3 – A *condição sociopolítica da atualidade* é própria do modo de produção econômico vigente historicamente: o capitalismo, em suas variações sucessivas (comercial, industrial, financeiro), apoiado em princípios teóricos que, no conjunto, denominam-se *liberalismo*.

Definamos brevemente esse sistema:

> Reduzido à expressão mais simples, o *capitalismo* pode ser definido como um *sistema de produção, distribuição e troca* em que a *riqueza acumulada* é empregada pelos *seus possuidores individuais* com *fins lucrativos*. Os traços distintivos do sistema são o *empreendimento privado*, a *concorrência* e o *negócio com fito no lucro*. Geralmente, compreende também o *sistema de salários* como forma de pagamento dos *trabalhadores*, isto é, uma forma de pagamento baseada, *não na quantidade de riqueza que estes criam*, mas na sua *capacidade de competir uns com os outros para conseguir empregos*. Além disso, é um sistema dinâmico, fundado na *premissa de que todo produtor ou comerciante tem o direito de incrementar os seus negócios* pelo *estímulo à procura* dos artigos que tem a vender. ... O capitalismo é a antítese direta da economia semi-estática das corporações medievais, na qual se concebiam a produção e o comércio como orientados no sentido de beneficiar a sociedade, com uma remuneração apenas razoável dos serviços prestados, ao invés de *lucros ilimitados*. (E. McNall Burns, *História da civilização ocidental*, vol. 1, cap. 18, p. 491.)

Identifica-se aí, portanto, a divisão da sociedade em *duas classes principais*: "possuidores" ou capitalistas e "trabalhadores"; os primeiros ampliam suas posses, valendo-se de transações de propriedades com "fito no lucro" e não pagando ou não restituindo aos trabalhadores, na integralidade, "a riqueza que estes criam". Além disso, destaca-se o *individualismo* e o *consumismo*, pelo "estímulo à procura" ou demanda, "premissa" do sistema, que permite, ou, antes, fomenta desigualdades crescentes como condição de existência desse sistema.

O capitalismo, com sua *economia de mercado*, está estruturado sob *pressupostos* e *valores* assim explicitados, por um dos pais do pensamento econômico liberal, o filósofo Adam Smith:

> [O homem] terá mais chances de prevalecer se for capaz de usar *seu amor-próprio em seu favor*, e *mostrar às outras pessoas que lhes será vantajoso* fazer por ele aquilo de que necessita. Aquele que oferece a outro uma troca de qualquer espécie se mostra disposto a fazer o mesmo. *Dê-me aquilo que quero, e você terá o que quer*, é o significado dessas ofertas; e é dessa maneira que obtemos uns dos outros a maior parte de tudo aquilo que precisamos. *Não é da benevolência* do açougueiro, do cervejeiro ou do padeiro que esperamos nosso jantar, mas *da consideração de seu próprio interesse*. Referimo-nos *não à sua humanidade, mas ao seu amor-próprio*, e jamais falamos com eles de nossas próprias necessidades, mas *de suas vantagens*". (*A riqueza das nações*, cap. 2.)

O sistema está baseado, portanto, na crença de que é *buscando cada qual seu próprio interesse que resultará o bem-estar geral*. Assim, *o que temos no capitalismo é o interesse, o egoísmo tornado em sistema*.

A teoria política que dá base a esse modo de produção, como dissemos, é chamada *liberalismo*. Esta teoria se baseia nas seguintes crenças:

> Na época do capitalismo nascente, [os liberais] lutaram a favor da *liberdade econômica*: o estado não deveria se intrometer no *livre jogo do mercado* que, sob determinados aspectos, era visto como um estado *natural*, ou melhor, como uma sociedade civil, fundamentada em contratos entre particulares. Aceitava-se o *estado somente na figura de guardião*, deixando total liberdade (*laissez faire, laissez passer* ["deixai fazer, deixai passar"]), na composição dos conflitos entre empregados e empregadores, ao *poder contratual das partes*; nos conflitos entre as diferentes empresas ..., ao poder de superação da *concorrência*, que *sempre recompensa o melhor*. (N. Bobbio, *Dicionário de política*, verbete "liberalismo", p. 871.)

Isso levou muitos a caírem, infelizmente, em sensos comuns bastantes desumanos, como vemos já ocorrer em 1890, nos Estados Unidos:

> A filosofia econômica mais aceita era a do *laissez-faire* [deixai-fazer] e da livre concorrência, aquilo que mais tarde veio a ser chamado "*robusto individualismo*". A *pobreza* era considerada um *distintivo de inépcia* e

> a *riqueza*, um *sinal infalível de virtude*. A *competição econômica* fazia *pendant* [parceria] com a luta pela existência e com a *sobrevivência dos mais aptos* na ordem biológica. Quanto mais implacável a competição, melhor seria, *pois assim eram eliminados com mais rapidez os fracos e os incompetentes*. Torna-se desnecessário frisar que o predomínio de doutrinas como essas *não encorajava os movimentos em benefício das massas desfavorecidas*. (E. McNall Burns, *História da civilização ocidental*, vol. 2, cap. 25, p. 779-780.)

Desse senso moralmente baixo deriva a noção mais que discutível de "meritocracia" econômica ainda vigente, a qual é essencialmente individualista, indiferente, ligada a fatores meramente materiais e que anda de mãos dadas, como se vê, com vícios morais, como o orgulho, o egoísmo e a vaidade. Assim se procura justificar a desigualdade social: o rico, de alguma forma, "mereceu" sua condição; o pobre, de alguma forma, não; independentemente da consideração das *reais causas sociais, frequentemente injustas, dessas condições*.

Seguiu-se daí, afinal, o pensamento conhecido como *neoliberalismo*, ou *neoconservadorismo*, cujas diretrizes econômicas a maioria dos governos, em nossos dias, procuram pôr em prática, com suas nefastas consequências. Eis as linhas principais desse pensamento e sua origem:

> Os anos que se seguiram à Segunda Guerra Mundial presenciaram uma voga crescente da filosofia política e social *conservadora*. A "sombra rastejante do comunismo" contribuiu, sem dúvida, muito para isso, mas a tendência já se fizera sentir quando a Rússia era ainda uma aliada do Ocidente. A paternidade do novo movimento deve talvez ser atribuída a Friedrich A. Hayek, um economista austríaco que havia fixado residência em Londres. Em *O caminho da servidão*, Hayek condenava todas as formas de interferência coletivista no capitalismo, com base no argumento de que tais interferências conduziriam ao socialismo e, por fim, ao comunismo ou ao fascismo. A supressão da liberdade econômica, sustentava ele, deve levar inevitavelmente à supressão de todas as liberdades, pois o direito do indivíduo a uma franca escolha de acordo com os seus gostos e interesses forma a própria essência da liberdade. Uma variedade mais estritamente política do

neoconservantismo é exemplificada pela obra de Peter Viereck, Russell Kirk e Eric Voegelin. Todos os três esposam uma filosofia tão anti-racional e de aparência tão retrógrada que teria causado pesadelos a um Bismarck ou a um Alexander Hamilton. Viereck, por exemplo, pinta-se a si mesmo como um homem que "desconfia da natureza humana e acredita (politicamente falando) num Pecado Original que deve ser reprimido pelas sinaleiras éticas do tradicionalismo". Segundo Voegelin, a sociedade ocidental poderá salvar-se se aprendermos a venerar as instituições enraizadas na tradição e abandonarmos a crença de que o conhecimento, em vez da fé, é o maior dos bens. Russell Kirk pede um renascimento da piedade familiar, a defesa da propriedade e a admissão de que "o desígnio divino governa a sociedade" e "a Providência é o instrumento indicado para as mudanças sociais". (E. McNall Burns, *História da civilização ocidental*, vol. 2, cap. 32, 2, p. 1.001.)

Diante de todo esse quadro degenerado de ideias e de práticas é que se pode compreender a análise que nossa autora faz da triste realidade atual das sociedades.

Na mesma linha de pensamento dela, Allan Kardec descrevia a condição social da atualidade, *arraigada no egoísmo, que se prende a crenças e instituições antiquadas*; veja-se que a condição das sociedades atuais, por todas as descrições que aparecem em Kardec, longe de ser boa, é, antes, aterradora, abismal:

> Com o *egoísmo*, o *interesse pessoal* passa antes de tudo, cada um puxa para si, *cada um vê em seu semelhante apenas um antagonista*, um *rival* que pode entrar em concorrência conosco, que *pode nos explorar* ou que *nós podemos explorar*; é de quem passar à frente de seu vizinho: a vitória é do mais esperto, e *a sociedade, coisa triste de dizer, consagra frequentemente essa vitória*, o que faz com que ela se divida em *duas classes* principais: os *exploradores* e os *explorados*. Disso resulta um *antagonismo perpétuo* que faz da vida um tormento, *um verdadeiro inferno*." (Allan Kardec, *Viagem espírita em 1862*, Discursos, nº III, § 2.)

Um retrato desse estado do *nosso mundo atual* é apresentado por Allan Kardec, nestes termos:

> Passemos agora a uma outra esfera, onde se encontram Espíritos de todas as classes da terceira ordem: Espíri-

tos impuros, Espírito *levianos*, Espíritos *pseudossábios*, Espíritos *neutros*. Sabemos que, em todas as classes dessa ordem, *o mal domina*; mas, sem ter o pensamento do bem, o do mal decresce à medida que se afasta da última classe. *O egoísmo é sempre o móvel principal das ações*, mas os costumes são mais brandos [do que nos mundos primitivos], a inteligência, mais desenvolvida; *o mal aí é um pouco disfarçado, é enfeitado e maquiado*. Essas qualidades mesmas engendram um outro defeito, é o *orgulho*; pois *as classes mais elevadas* são bastante esclarecidas para ter consciência de sua superioridade, mas não bastante para compreenderem aquilo que lhes falta; *daí sua tendência à servilização das classes inferiores ou das raças mais fracas, que elas mantêm sob o jugo*. Não tendo o sentimento do bem, elas têm apenas o instinto do *eu* e *tiram proveito de sua inteligência para satisfazer suas paixões*. Numa tal sociedade, *se o elemento impuro domina, esmagará o outro*; no caso contrário, os menos maus procurarão destruir seus adversários; *em todos os casos, haverá luta, luta sangrenta, luta de extermínio, pois são dois elementos que têm interesses opostos*. Para proteger os bens e as pessoas, *serão necessárias leis*; mas essas leis serão ditadas pelo interesse pessoal e *não pela justiça*; é o forte que as fará em detrimento do fraco. ... Só conhecemos de uma maneira positiva o nosso [mundo]. ... Ah! Basta considerar o que nele [no nosso mundo] se passa para ver que ele está longe de merecer o primeiro posto, e estamos convencidos de que, lendo estas linhas, já se lhe marcou seu lugar. Quando os Espíritos nos dizem que ele está, se *não no último, ao menos nos últimos*, o simples bom-senso nos diz infelizmente que não se enganam; *temos muito a fazer para elevá-lo ao posto* do que descrevemos em último lugar [o mundo feliz], e tivemos necessidade de que o *Cristo viesse nos mostrar o caminho para isso*. (Allan Kardec, *Revista Espírita*, mar. 1858, "Júpiter e alguns outros mundos".)

Essa análise conjuntural das sociedades atuais prossegue nas obras de Kardec, com mais detalhes sobre sua *inferioridade*, nestes termos:

Quando *essa balança da Justiça é viciada pelo erro e pela mentira*; quando o cancro do materialismo, após invadir tudo, até as religiões, ameaça tudo devorar, é necessário que o Supremo Juiz venha, enfim, ... *endi-*

reitar os caminhos da humanidade e retirá-la do abismo. No ponto de degradação moral em que caíram as sociedades modernas, sob a influência de *falsas e perniciosas doutrinas toleradas, se não encorajadas, por aqueles mesmos que têm missão de reprimi-las*; no meio desse indiferentismo geral por tudo o que não é matéria, desse sensualismo exagerado, exclusivo; *desse furor, desconhecido até nós, de enriquecimento a todo preço, desse culto desenfreado do bezerro de ouro, dessa paixão desordenada do lucro, que engendra o egoísmo, gela todos os corações falseando todas as inteligências*, e *tende à dissolução dos laços sociais*, as comunicações de além-túmulo podem ser consideradas como uma revelação divina, tornada *necessária ao chamado à ordem*, da parte da Providência que não pode deixar perecer sem socorros sua criatura de predileção. (Allan Kardec, *Revista Espírita*, fev. 1863, "Círculo espírita de Tours – Discurso pronunciado pelo presidente".)

Do ponto de vista *econômico*, é flagrante a injustiça e o sofrimento que decorrem da presente má distribuição, da desigualdade, arraigada no egoísmo humano. *Jamais isso pode ser atribuído à vontade de Deus ou à natureza*, segundo ensina claramente a doutrina nas obras de Allan Kardec, mas é unicamente devido *ao mau uso do livre arbítrio*, à maldade *dos homens*:

> A *desigualdade das condições sociais* é uma lei natural? "*Não, ela é obra do homem e não de Deus. ... Essa desigualdade desaparecerá* juntamente com a predominância do *orgulho e do egoísmo*." (Allan Kardec, *O Livro dos Espíritos*, nº 806.)

Jamais se pode, segundo a doutrina, naturalizar a desigualdade.

Costumava-se atribuir a causa da competição econômica e da desigualdade entre os homens à "*escassez*" de recursos necessários à vida. Mas, em Kardec, já estava a resposta contra isso, peremptória:

> *Por que a Terra não produz sempre bastante para fornecer o necessário ao homem?* "É que o homem a negligencia, o ingrato! *Ela é, no entanto, uma excelente mãe*. Frequentemente também, ele acusa a natureza do que é o feito de *sua imperícia* ou de *sua imprevidência. A Terra produziria sempre o necessário, se o homem soubesse com ele se contentar*. ... Em verdade

> vos digo, *não é a natureza que é imprevidente, é o homem que não sabe se regrar*." (Allan Kardec, *O Livro dos Espíritos*, n° 705.)
>
> *Os meios de existência frequentemente fazem falta* a certos indivíduos, *mesmo no meio da abundância que os rodeia*; a que isso deve se prender? "*Ao egoísmo dos homens, que não fazem sempre o que devem*; em seguida, e o mais frequentemente, a si mesmos." ... Se a civilização multiplica as necessidades, multiplica também as fontes do trabalho e os meios de viver; mas é preciso convir que, sob esse aspecto, resta-lhe ainda muito *a fazer*; quando *ela tiver cumprido sua obra, ninguém deverá poder dizer que lhe falte o necessário*, se não é por sua falta. A infelicidade, para muitos, é que *se empenham numa via que não é a que a natureza lhes traçou*; é então que a inteligência para ter êxito lhes faz falta. *Para todo mundo* há *lugar ao sol*, *mas é com a condição de aí ocupar o seu, e não o dos outros. A natureza não poderia ser responsável pelos vícios da organização social e pelas consequências da ambição e do amor-próprio*. (Allan Kardec, *O Livro dos Espíritos*, n° 707.)

Somos nós que fazemos a sociedade ser como é; e podemos mudá-la:

> *São os homens que fazem os costumes sociais e não Deus*; se *se submetem a eles, é porque isso lhes convém*, e o fazem por um ato de *seu livre-arbítrio*. (Allan Kardec, *O Livro dos Espíritos*, n° 863.)

Também a *acumulação capitalista*, egoísta, é imoral por princípio:

> Que pensar daqueles que *açambarcam os bens da Terra para se proporcionar o supérfluo em prejuízo daqueles a quem falta o necessário*? "*Desprezam a lei de Deus* e *responderão pelas privações que tiverem feito suportar*." ... Os que vivem à *custa das privações dos outros exploram os benefícios da civilização em seu proveito*; *não têm da civilização* senão o verniz, como há pessoas que não têm da religião senão a máscara. (Allan Kardec, *O Livro dos Espíritos*, n° 717 e nota.)

A acumulação, o consumismo e mesmo a especulação financeira estão implicitamente responsabilizadas neste passo:

> A fortuna *não é dada* mais a alguns *para ser lançada ao vento*, do que a outros *para ser enterrada num cofre-forte*; é um depósito do qual terão de prestar contas, pois *terão de responder* por todo o bem que estava em seu poder fazer, e que não tiverem feito; *por todas as lágrimas que poderiam ter secado com o dinheiro que deram àqueles que dele não tinham necessidade*. (Allan Kardec, *O Livro dos Espíritos*, n° 896.)

Por que dar dinheiro a quem não precisa e privar os necessitados? Perguntemos aos aplicadores especuladores e aos consumistas.

> Há *açambarcadores* do pão de vida como os há, frequentemente, *para o pão material. Não vos enfileireis entre eles*; a árvore que produz bons frutos *deve distribuí-los para todos*. (Allan Kardec, *Evangelho segundo o Espiritismo*, cap. XXVIII, n° 16.)

Observe que, se, por um lado, o texto fala dos ensinamentos e exemplos morais ("pão de vida"), refere-se também, por outro lado, explicitamente, aos *bens materiais* ("o *pão material*"), aplicando o princípio moral do *não açambarcamento* igualmente a estes. Distribuição para todos!

Tratando dos benefícios da inteligência, temos, recebida por um médium, a expressão deste *excelente princípio*:

> *A expansão recíproca é, portanto, a grande lei humanitária*, e *a concentração*, quer dizer, a dissimulação de nossas ações, de nossos pensamentos, de nossas aspirações, é uma espécie de roubo que cometemos em prejuízo de todo mundo. (Allan Kardec, *Revista Espírita*, fev. 1868, "Extrato dos manuscritos de um jovem médium bretão", n° I.)

Desvenda-se, nesse breve princípio, ao mesmo tempo, o mal que se perpetra hoje usualmente: *concentração = roubo em prejuízo de todos*; e o caminho certo, do aperfeiçoamento: *expansão recíproca = lei humanitária*.

Eis o quadro do *desvirtuamento social* em que vivemos, com a indicação da sua *superação futura* pelas nossas disposições renovadas:

> O que entende Jesus por estas palavras: "Bem-aventurados os que são brandos, porque *possuirão a terra*"? ... Por essas palavras, ele quer dizer que, até este dia, *os bens da Terra são açambarcados pelos violen-*

> *tos em prejuízo dos que são brandos e pacíficos*; que *a estes falta frequentemente o necessário*, enquanto que *outros têm o supérfluo*; ele promete que *justiça lhes será feita sobre a Terra como no céu*, porque eles são chamados os filhos de Deus. Quando a lei de amor e de caridade *for a lei da humanidade*, não haverá mais egoísmo; o fraco e o pacífico *não serão mais explorados nem esmagados pelo forte e o violento. Tal será o estado da Terra quando*, segundo a *lei do progresso* e a promessa de Jesus, *ela se tornar um mundo feliz* pela *expulsão dos maus*. (Allan Kardec, *Evangelho segundo o Espiritismo*, cap. IX, nº 5.)

Como antecipamos, lamentável é ainda a ideia de *falso mérito* que se atribuem os abastados da Terra, procurando louvar uma quimérica "meritocracia" baseada nas posses, ignorando que o verdadeiro significado do termo "mérito", na doutrina espírita, sempre foi exclusivamente o de "mérito moral", aplicável unicamente ao Espírito para situá-lo na escala espírita (Allan Kardec, *O Livro dos Espíritos*, nº 100 e seg.) Essa excrescente "meritocracia da posse" é tratada nos textos doutrinários como uma abominável *faceta do orgulho*:

> O *orgulho* é o terrível adversário da humildade. Se o Cristo prometia o reino dos céus aos mais pobres, é que *os grandes da Terra se figuram que os títulos e as riquezas são recompensas dadas ao seu mérito*, e que sua essência é mais pura que a do pobre; *eles creem que isso lhes é devido*, é por isso que, quando Deus lhos retira, acusam-no de injustiça. *Oh! Derrisão e cegueira!* ... O Criador fez duas espécies de homens? Tudo o que Deus faz é grande e sábio; *não lhe atribuais jamais as ideias que concebem vossos cérebros orgulhosos*. Ó rico, enquanto que tu dormes sob teus lambris dourados ao abrigo do frio, não sabes que milhares de *teus irmãos que te valem* estão jacentes sobre a palha? O infeliz que sofre da fome não é *teu igual*? A essa palavra, teu *orgulho* se revolta, eu o sei bem. ... Oh! Meu Deus, será preciso que o Cristo volte uma segunda vez sobre esta Terra para ensinar aos homens tuas leis que eles esquecem? (Allan Kardec, *Evangelho segundo o Espiritismo*, cap. VII, nº 12.)

Eis outra refutação ao suposto "mérito" do enriquecimento:

> Crer-se-ia, ao ver a atividade que desdobrais, que a ela se prende uma questão do mais alto interesse para a humanidade, *enquanto que se trata, quase sempre, apenas de vos pôr em condições de satisfazer necessidades exageradas*, a vaidade, ou de vos entregar aos excessos. *Quantas penas, cuidados, tormentos se dá, quantas noites sem sono, para aumentar uma fortuna frequentemente mais que suficiente! Por cúmulo de cegueira*, não é raro ver aqueles que um amor imoderado à fortuna e aos gozos que ela proporciona submete a um trabalho penoso *prevalecerem-se de uma existência dita de sacrifício e de mérito, como se trabalhassem para os outros e não para si mesmos. Insensatos!* Credes, pois, realmente que vos serão levados em conta *os cuidados e esforços dos quais o egoísmo, a cupidez ou o orgulho são o móvel*, enquanto que *negligenciais* o cuidado de vosso porvir, assim como *os deveres que a solidariedade fraternal* impõe a todos aqueles que gozam das vantagens da vida social! (Allan Kardec, *Evangelho segundo o Espiritismo*, cap. XVI, nº 12.)

Enfim, para fechar a falácia "meritocrática", que se propaga entre seus vaidosos defensores:

> Que a *fortuna vos venha de vossa família, ou que a tenhais ganhado por vosso trabalho*, há uma coisa que não deveis jamais esquecer, é que *tudo vem de Deus, tudo retorna a Deus. Nada vos pertence sobre a Terra*, nem mesmo vosso pobre corpo: a morte vos despoja dele como de todos os bens materiais; vós sois depositários e *não proprietários, sobre isso não vos enganeis*; Deus vos emprestou, *deveis restituir*, e ele vos empresta *com a condição de que o supérfluo, ao menos, volte àqueles que não têm o necessário*. (Allan Kardec, *Evangelho segundo o Espiritismo*, cap. XVI, nº 14.)

Seguimos, em nossos dias ainda, um roteiro de *idolatria*, se bem que mais camuflada hoje do que o eram as formas idolátricas escancaradas da Antiguidade – por não ter hoje forma religiosa o *culto moderno do "bezerro de ouro"*. Entretanto, essa idolatria moderna dissimulada é muito clara aos Espíritos superiores:

> Quando Moisés foi sobre o monte Sinai receber os mandamentos de Deus, o povo de Israel, entregue a si mesmo, abandonou o verdadeiro Deus; homens e mu-

> lheres *deram seu ouro e suas joias, para fazerem a si um ídolo que adoraram. Homens civilizados, vós fazeis como eles*; o Cristo vos deixou sua doutrina; ele vos deu o exemplo de todas as virtudes, e *vós tendes abandonado exemplo e preceitos*; cada um de vós, entregando suas paixões, *fizestes-vos um Deus ao vosso grado*: segundo uns, terrível e sanguinário; segundo outros, descuidado dos interesses do mundo; o *Deus que fizestes para vós é ainda o bezerro de ouro* que cada um apropria aos seus gostos e às suas ideias. (Allan Kardec, *Evangelho segundo o Espiritismo*, cap. VII, nº 12.)

Explícita é a identificação do atual "bezerro de ouro", nas obras de Allan Kardec:

> No ponto de *degradação moral em que caíram as sociedades modernas*, sob a influência de falsas e perniciosas doutrinas toleradas, se não encorajadas, por aqueles mesmos que têm missão especial de reprimi-las; no meio desse indiferentismo geral por tudo o que não é matéria, desse sensualismo extremo, exclusivo; *desse furor, desconhecido até nós, de enriquecimento a todo preço, desse culto desenfreado do bezerro de ouro, dessa paixão desordenada pelo lucro, que engendra o egoísmo, gela todos os corações, falseando todas as inteligências, e tende à dissolução dos laços sociais*, as comunicações de além-túmulo podem ser consideradas como uma revelação divina, tornada necessária para o chamado à ordem. (Allan Kardec, *Revista Espírita*, fev. 1863, "Círculo Espírita de Tours, discurso pronunciado pelo presidente da sessão de instalação".)

Eis que a moderna idolatria ao "bezerro de ouro" é, precisamente, o cerne da atividade capitalista: "o furor de enriquecimento a todo preço", "a paixão desordenada pelo lucro".

Mas os Espíritos não deixam de nos exortar contra essa nova idolatria identificada:

> Parti em cruzada *contra a injustiça* e a iniquidade. Ide e *derrubai esse culto do bezerro de ouro*, cada dia mais e mais invasor. (Allan Kardec, *Evangelho segundo o Espiritismo*, cap. XX, nº 4.)

Razão pela qual o Espiritismo deve encontrar, nesses mesmos idólatras modernos, poderosos adversários:

> [O Espiritismo vem derrubar] apenas *um templo: o do egoísmo e do orgulho*, e dar uma sanção prática a estas palavras do Cristo que são toda a sua lei: "Amai vosso próximo como a vós mesmos". Não vos espanteis, portanto, de que *ele tenha por adversários os adoradores do bezerro de ouro, do qual ele vem quebrar os altares.* Tem naturalmente contra si os que acham sua moral estorvante, os que teriam de bom grado pactuado com os Espíritos e suas manifestações, se os Espíritos tivessem se contentado com diverti-los; *se não tivessem vindo rebaixar seu orgulho, pregar-lhes a abnegação, o desinteresse e a humildade. ... O Espiritismo, por sua poderosa revelação, vem, portanto, apressar a reforma social.* (Allan Kardec, *Viagem espírita em 1862*, Discursos, nº III.)

Esses idólatras, entretanto, uma vez tornados adeptos do Espiritismo, fazem ou forçam a fazer a *atenuação* dessa mensagem acusatória, focando em textos fora da codificação que lhes afaguem as consciências e lhes perpetuem a condição.

Com efeito, a Filosofia Política nos ensina a relação de domínio exercida pelo *dinheiro* como algo similar à antiga idolatria: verdadeira forma de poder, "cultual" em certo sentido, sobre os homens, porém, mais difícil de se perceber, segundo o filósofo político I. Lapidus:

> A moeda simplesmente *traduz as relações que imperam* na *sociedade capitalista*. ... O *poder do dinheiro* não é mais que a manifestação geral do *poder das coisas sobre os homens*, poder que caracteriza a economia desorganizada baseada na troca. ... *Da mesma forma que um primitivo adorava um fetiche* [ou "feitiço", entenda-se um "ídolo"], objeto feito pelas suas mãos, o homem que vive em uma economia desorganizada depende das coisas que fez. Certamente, basta instruir o selvagem, e transformá-lo numa pessoa instruída para que o fetichismo [ou 'feiticismo'] desapareça como se uma venda caísse dos seus olhos. Mas o *fetichismo da mercadoria* é bem diferente; compreender que *as coisas exprimem relações sociais* e que todo o mal não está nelas, mas sim nas *relações geradas entre os homens*, é um grande passo. (I. Lapidus, *Manual de economia política*, 1929, cap. II, nº 3, p. 121.)

Esse mal – cobiça, ambição, "sede de ouro", "avidez

de lucro" –, derivado do egoísmo e do orgulho e base do sistema econômico vigente, é, inclusive, considerado como o verdadeiro "pecado original" da sociedade, dominando todos os aspectos da vida humana. A doutrina não deixa passar esta percepção fundamental:

> O pecado original é o egoísmo e o orgulho, que *presidem a todos os atos da vida do homem*; é o demônio da inveja e do ciúme, que roem o seu coração; é a *ambição que perturba o seu sono*; é a *cupidez, que não pode saciar a avidez de lucro*; é o *amor e a sede de ouro, esse elemento indispensável para dar satisfação a todas as exigências do luxo*, do conforto, do bem-estar, *que o século persegue com tanto ardor*. Eis o pecado original proclamado pelo Gênesis, *que o homem sempre ocultou em si*; ele não será apagado senão no dia em que, compenetrado de seus altos destinos, o homem abandonar, conforme a lição do bom La Fontaine, a sombra pela presa." (Allan Kardec, *Revista Espírita*, nov. 1867, "Notícias bibliográficas", *A Razão do Espiritismo*, por Michel Bonnamy.)

Sobre o tipo de *poder* e as *instituições* que salvaguardam essa forma injusta de convivência pautada no ganho monetário (capitalismo), egoísta, consumista, idólatra sem o perceber, açambarcadora, *legalmente privilegiada* – que se pode denominar uma "aristocracia do dinheiro" e que tende a ruir para dar lugar a uma sociedade mais justa –, escreve com vigor Allan Kardec, sintetizando a história atual do poder na Terra:

> ... Então elevou-se um *novo poder, o do dinheiro*, porque com o dinheiro dispõem-se de homens e de coisas. Esse era um sol nascente *diante do qual se inclinou*, como outrora se inclinava diante de um brasão [de nobreza], *e mais baixo ainda*. O que não se concedia mais ao título concedia-se à fortuna, e *a fortuna teve seus privilégios legais*. Mas então percebeu-se que, se para fazer fortuna é preciso uma certa dose de inteligência, *não era preciso tanta para herdá-la*, e que os filhos são frequentemente mais hábeis em comê-la que em ganhá-la, que *os próprios meios de se enriquecer nem sempre são irrepreensíveis*; disso resulta que *o dinheiro perde pouco a pouco seu prestígio moral* e que *a esse poder tende a se substituir um outro poder*, uma outra aristocracia *mais justa*: a da *inteligência*, diante

> da qual cada um pode se inclinar sem se aviltar, porque ela pertence ao pobre como ao rico. *Será essa a última? É ela a mais alta expressão da humanidade civilizada*? *Não*. ... Todas [essas aristocracias] fizeram ou farão seu tempo segundo as regiões, porque *nenhuma teve por base o princípio moral*; só esse princípio pode constituir uma supremacia durável, porque ela estará animada de sentimentos de *justiça e de caridade*; supremacia que chamaremos: *aristocracia intelecto-moral.*" (Allan Kardec, *Obras Póstumas*, pt. I, "As aristocracias".)

É o homem *se inclinando*, em reverência e adoração, perante o *poder do dinheiro*...

Estamos a sofrer constantemente as consequências desse mal social, principalmente *relevando as injustiças* das classes abastadas:

> Quando a *consideração que se concede às pessoas é medida ao peso do ouro que possuem* ou ao nome que carregam, qual interesse elas podem ter em se corrigir de seus defeitos? Seria de outra forma se o *vício dourado fosse fustigado pela opinião* como o vício em farrapos; mas o orgulho é indulgente com tudo o que o encanta. "*Século de cobiça e de dinheiro*", dizeis. *Sem dúvida*, mas, *por que deixastes as necessidades materiais invadir sobre o bom senso e a razão*? *Por que cada um quer se elevar acima de seu irmão? Hoje, a sociedade sofre as consequências disso.* (Allan Kardec, *Evangelho segundo o Espiritismo*, cap. VII, nº 13.)

Vê-se, em suma, o quanto é repetido na doutrina que o panorama social e econômico vigente, o capitalista, fruto de escolha e ação humanas, está muito longe de ser o que se espera de nós:

> O progresso *social*, sem dúvida, *deixa ainda muito a desejar*. (Allan Kardec, *O Livro dos Espíritos*, nº 760, nota.)
>
> *No estado atual de coisas*, *os maus* estão em maioria e *eles fazem a lei* aos bons. (Allan Kardec, *Obras Póstumas*, pt. I, "As aristocracias".)
>
> ... *leis feitas pelo forte em prejuízo do fraco*. (Allan Kardec, *O Livro dos Espíritos*, nº 781.)
>
> *Um mundo fútil e egoísta, que não tem boa vontade senão para aqueles a quem nada falta, e vos volta as costas, desde que tendes necessidades dele.* (Allan Kardec, *O Livro dos Espíritos*, nº 947.)

> Como o dissemos, *a legislação dos homens, sendo imperfeita, consagra, frequentemente, direitos de convenção que a justiça natural reprova*. (Allan Kardec, *O Livro dos Espíritos*, nº 885.)

Problemas estes apontados desde a antiga sabedoria profética, que Kardec faz questão de pontuar, trazendo esta atualíssima passagem de Ezequiel, concorde em todos os pontos com a doutrina social espírita:

> 5. Se um homem é *justo*, se ele *age segundo a equidade e a justiça*; – 7. Se *não entristece e não oprime ninguém*; se *devolve ao seu devedor* o penhor que ele lhe dera; se *não toma nada do bem de outrem por violência*; se *dá de seu pão àquele que tem fome*; se *cobre de vestimentas os que estavam nus*; – 8. Se *não empresta a usura* [*juros*] e *não recebe mais do que deu*; se *desvia sua mão da iniquidade*, e se *emite um julgamento equitativo* entre dois homens que pleiteiam juntos; – 9. Se marcha pela via de meus preceitos, e guarda minhas ordenanças para agir segundo a verdade: *este é justo*, e viverá muito certamente, diz o Senhor Deus. ... (Ezequiel, cap. XXVIII [*v*. 5, 7-9]). (Allan Kardec, *O Céu e o Inferno*, pt. I, cap. VI, nº 25.)

Indicadora dos *deveres e virtudes sociais*, essa passagem traz em si, desde a Antiguidade, a *denúncia* das repreensíveis práticas do homem *tornadas costumeiras e aceitas*, embora contrárias às leis divinas: *desigualdade, injustiça* (*v*. 5), *opressão* (*v*. 7), *exploração por endividamento, extorsão e violência, privação do necessário* (*v*. 8), *prática de juros, recebimento a mais do que se deu* (lucro), *parcialidade judicial* (*v*. 9). Tudo o que ainda vivemos... Numa sociedade regida pela lei divina, conforme veremos, nada disso poderia existir e, se existisse, seria na qualidade de *infração da lei de justiça, amor e caridade*, jamais como regra aceita de vida, como hoje.

Em vista desse quadro, observe, no final da Apresentação que fizemos a este volume, diversas passagens de Allan Kardec sobre a tarefa de *transformação social terrena*, mesmo *legal*, *institucional* e *estrutural*, proposta e incentivada pelo Espiritismo.

Léon Denis, em consonância com Kardec, também tece descrições vivas da situação atual – da vigência do egoísmo na ordem social, a avidez e o consumismo –, com suas trágicas consequências trabalhistas, morais, sociais e espirituais:

> A massa cega procura, acima de tudo, o *dinheiro e os gozos*; ela *não tem mais outro deus que o lucro e outra regra que o apetite*. (Léon Denis, *Socialismo e Espiritismo*, cap. IV.)

Eis aí, o lucro como novo "deus". E mais:

> Quer-se *possuir a todo preço*. As necessidades se multiplicaram a ponto de *tornar a luta pela vida mais áspera, mais tirânica*. Também o trabalho, a tarefa cotidiana, que se realizava anteriormente com alegria, com vigor e bom humor, *o trabalho* – bem aliviado, entretanto [em relação ao tempo anterior] – *tornou-se, para muitos, um constrangimento, um jugo que se suporta dificilmente*. Ignora-se que, *multiplicando as necessidades factícias, atiçando os desejos, prepara-se a infelicidade do ser, não somente sobre a Terra*, mas também na vida do espaço, pois, se as necessidades desaparecem com o corpo, os *desejos, que são do espírito, persistem com ele e as privações se fazem sentir* nesse Além onde a matéria não tem mais império. A ausência das coisas que nós tanto amamos se torna uma causa de sofrimento. (Léon Denis, *Socialismo e Espiritismo*, cap. VII.)

A crítica às bases do sistema financeiro está presente nestes termos inequívocos:

> *Deveis vos sentir todos atingidos do ponto de vista social ou financeiro*. Cada um deve fazer um retorno para trás, interrogar o passado e *medir suas próprias responsabilidades*. Somente então uma reviravolta poderá se produzir. Por uma *lei imanente e superior, todo capital adquirido sem escrúpulo, sem trabalho, será volatilizado*; podem-se prever ruínas sem número, a queda de vários grandes estabelecimentos. (Léon Denis, *Socialismo e Espiritismo*, cap. II.)

"Capital adquirido sem trabalho" é, assim, "sem escrúpulo"; ora, este é o chamado "capital fictício" na Economia Política: é a base do capitalismo financeiro, no qual o lucro advém de juros (por crédito, endividamento, aplicações, bolsas de valores, etc.), sem contraparte produtiva. Crises seguidas a crises: é o que se verifica, pavimentando o caminho destrutivo do capitalismo na história.

Em prefácio à obra *Socialismo e Espiritismo*, de Léon Denis, pela editora O Clarim (1982), escreve assertivamente Freitas Nobre sobre o papel da doutrina na análise da realidade e sobre sua posição perante ela:

> O Espiritismo, embora compreenda e explique certos fenômenos sociais e econômicos através da lei da reencarnação, *tem que ser eminentemente revolucionário no sentido de reivindicar as mudanças da estrutura da sociedade, combatendo a concentração da riqueza* e a ausência de fraternidade, que significam a *manutenção dos privilégios* e dos *excessos no uso dos bens*.

Maurice Lachâtre, em 1890, filósofo espírita da primeira hora, amigo e livreiro de Allan Kardec, resume nosso atual estado social:

> A *sociedade* sofre de vícios que a desonram; *ela está sujeita a uma organização política e econômica absolutamente falha*. (*O Espiritismo: uma nova filosofia*, cap. 6, "Lei do progresso", p. 116.)

O célebre pioneiro espírita brasileiro, Cairbar Schutel, presenteia-nos com observações ímpares como esta, sobre o sistema econômico vigente:

> As doutrinas *personalistas, que têm por mira o capitalismo, são egoístas e anticristãs*, pois o Cristo ordenou a seus discípulos o "amor do próximo" e *o capitalismo é o amor pessoal*, quando muito, limitado ao amor da família. (*Vida e atos dos apóstolos*, cap. "Dispenseiros da Comuna".)

Mais claro, impossível. O eminente filósofo espírita J. Herculano Pires, seguidor criterioso do pensamento de Kardec, não deixa de constatar, na mesma linha de raciocínio:

> O mundo precisa transformar-se. *Sua ordem atual é injusta e bárbara, materialista, baseada no instinto de competição* e não no espírito de fraternidade. *Chamar de cristão ao mundo moderno é blasfemar contra Cristo e escarnecer do seu Evangelho*. (*O Reino*, de 1946, cap. "A posição do cristianismo".)

E acrescenta, pouco adiante, nomeando o sistema que, *por antecipação, o cristianismo condenava*:

> Antecipando-se de muitos séculos na *condenação dos*

erros capitalistas, e na *luta por um mundo melhor, mais justo*, não pode *o Cristianismo* alhear-se agora ao tremendo embate que se desenvolve *na Terra*. (J. Herculano Pires, *O Reino*, de 1946, cap. "O julgamento do Cristo".)

Para finalizar esta nota, não faltam *admoestações morais e sociais* para o *alívio momentâneo* de tal situação, enquanto as *mudanças estruturais* não são realizadas (e cuja necessidade veremos mais adiante, na nota ND9):

> *Rico, dá de teu supérfluo; faze melhor: dá um pouco de teu necessário, pois teu necessário é ainda o supérfluo*, mas dá com sabedoria. Não repilas a queixa com medo de ser enganado, mas *vai à fonte do mal*; *alivia primeiro*, informa-te em seguida, e vê se o *trabalho*, os *conselhos*, a *afeição* mesmo não serão *mais eficazes que tua esmola*. Espalha em torno de ti, com o *desafogo*, o amor a Deus, o amor ao trabalho, o amor ao próximo. Põe tuas *riquezas num fundo* que não te faltará jamais e te trará grandes juros: *as boas obras*. (Allan Kardec, *Evangelho segundo o Espiritismo*, cap. XVI, nº 11.)

> O homem, *depositário* desses bens [terrestres], *não tem mais o direito* de *dilapidá-los*, do que o de *confiscá-los em seu proveito* ... O desprendimento dos bens terrestres consiste em apreciar a fortuna por seu justo valor, em saber dela se servir *para os outros e não para si só*. (Allan Kardec, *Evangelho segundo o Espiritismo*, cap. XVI, nº 14.)

> Quereríeis [os poderosos], como egoístas, guardar só para vós tanta felicidade e alegria? Oh! *Não*, fostes escolhidos como depositários. As riquezas que brilham aos vossos olhos *não são para vós, mas pertencem a todos os vossos irmãos. Deveis, pois, aumentá-las e distribuí-las*. (Allan Kardec, *Revista Espírita*, jun. 1866, "O trabalho".)

ND4 – Na acepção cristã, "amor" não é meramente um sentimento emocional, interior (não é algo "*intra*-pessoal"), mas, sim, *relação efetiva entre* os seres (algo "*inter*-pessoal"), que funda uma *nova sociedade* humana, conforme esta definição do termo na filosofia cristã:

> Com o *Cristianismo*, a noção de *amor* sofre uma transformação; de um lado, é entendido como *relação* ou *um*

> *tipo de relação* que deve estender-se a todo "próximo"; de outro, transforma-se em um *mandamento*, que não tem conexões com as situações de fato e *que se propõe transformar essas situações e criar uma comunidade que ainda não existe, mas que deverá irmanar todos os homens: o reino de Deus*. (N. Abbagnano, *Dicionário de filosofia*, verbete "amor".)

Esse *amor cristão* é também identificado com a "caridade" (em grego, ágape).

> Para S. Paulo, a caridade é, substancialmente, o *vínculo* que mantém *ligados os membros da comunidade* cristã e faz dessa *comunidade o próprio "corpo de Cristo"*. (*Idem*, verbete "caridade".)

Por isso, ensinava Jesus: "O reino de Deus está *entre* [*entos*, 'no meio de', 'nas relações entre'] vós." (Lucas 17:21. Assim nas traduções corrigidas e mais fiéis, como a *Bíblia de Jerusalém* e a *Bíblia Almeida Corrigida Fiel*.) A ideia de um "reino *dentro* de nós", como se costumava traduzir, que é menos própria, tende a restringir o sentido do "reino" para um mero estado espiritual interior do indivíduo (*intra*-pessoal), o que limita seu alcance, que é, em verdade, eminentemente ético e social (*inter*-pessoal). Porém, ainda que a expressão fosse essa, ela não diz que o reino está *no meio de "cada um* de vós", mas "de *vós*" enquanto *todo coletivo*. Daí sempre a necessidade de se entender o "reino" como o resultado do *amor* ou da *caridade* que se realiza *entre todos nós*, enquanto *relação atuante que nos vincula numa nova sociedade* pautada nos mandamentos da lei divina.

O grande filósofo espírita Léon Denis, atento a isso, ensina-nos magistralmente:

> O objetivo *a perseguir* [à *poursuivre*] por cada um de nós e *pela sociedade inteira* está claramente indicado. É o *reino* do 'Filho do homem', do *Cristo social*, ou, em outros termos, o *reino da verdade, da justiça e do amor*. As vistas de Jesus se dirigem para o porvir, para esses tempos que nos são anunciados. (*Depois da morte*, pt, I, cap. VI.)

Tratamos mais detidamente do *Reino de Deus*, segundo a doutrina espírita, na nota ND12.

ND5 – Allan Kardec também pondera sobre o resultado da mudança do turbulento "*sistema do egoísmo*" vigente atualmente – descrito e criticado acima na ND3 – para o "*sistema da caridade*" (que se concretiza na "*comunidade*", como ele chama) aplicado à sociedade. E sua análise dessa proposta não poderia ser mais favorável. Façamos, porém, uma digressão histórica para entendermos certos conceitos da filosofia política, como *esquerda*, *direita*, *socialismo*, *capitalismo*, que nos servirão, inclusive para as notas subsequentes.

"Esquerda" e "direita" são noções de *Filosofia Política* historicamente construídas e identificáveis em nosso contexto. Expliquemos brevemente. "Esquerda" e "direita" surgem na Revolução Francesa (1789). O Antigo Regime – uma sociedade de resquícios feudais: régia, escalonada em classes hierárquicas, verticalizada, apoiada em privilégios de nascença, de títulos ou de riqueza – encontra forças poderosas de oposição, nascidas da crescente burguesia. O Parlamento francês se divide. À *direita*, ficam os conservadores, que desejam mudanças conciliatórias, visando os interesses das altas classes: os representantes da nobreza, realeza, alto clero e alta burguesia (a classe alta, os "fortes"). À *esquerda*, os que desejam transformar, *progredir* para uma sociedade mais justa, mais igual, política, social e economicamente, isto é: os representantes dos operários, dos camponeses e da baixa burguesia (a classe baixa, os "fracos"). O lema da *esquerda* era: "*Liberdade, Igualdade, Fraternidade*", proferido em discurso inflamado, em 1791, pelo rousseauniano René de Girardin, no convento franciscano dos Cordeliers, onde então se associavam os representantes das populações mais pobres, das mulheres, pequenos artesãos e assalariados, tendo como membros destacados Danton, Marat e Desmoulins. A burguesia preferia, à *liberdade verdadeira*, a "liberdade econômica", à *igualdade verdadeira*, a "igualdade formal, perante a lei", à *fraternidade*, o "direito à propriedade". Assim, podemos esquematizar em linhas gerais:

Direita – *conservadora social, autoritária, defensora dos interesses das classes altas, dos privilégios, de uma sociedade piramidal, desigual;*

Esquerda – *progressista social, democrática, defensora das classes mais pobres e oprimidas, da igualdade e liberdade, da superação do estado de coisas, da justiça social.*

Não nos iludamos: enquanto houver classes sociais "altas" e "baixas", em virtude de seus interesses distintos, haverá as posições esquerda e direita. É o paradigma político moderno, ainda não superado. Sabe-se que, naquele momento histórico, o Antigo Regime foi derrubado. Os atores, depois, também mudaram de lado: a burguesia, tornada a nova classe dominante, passou em bloco à direita e, desde então, pretende conservar seus privilégios adquiridos. Mas *os caracteres marcadores do espectro político ficam preservados*. Pode-se pensar em esquerda e direita de maneira absoluta ou relativa: alguém será absolutamente "de direita" se deseja melhorar conservando o *status quo* (o estado de coisas, as "coisas como estão") e "de esquerda", se deseja superá-lo. Relativamente, *enquanto tendência*: alguém pode estar "mais" à direita ou à esquerda que outro, conforme se aproxime mais que ele da *conservação* (direita) ou da *superação* (esquerda) do *status quo*. Assim, um direitista moderado estará "mais à esquerda" que um de extrema direita. Quanto ao que se diz "de centro", pretende ser um moderado e mediador entre os dois lados; mas, com essa resolução, mantém-se inerte e, em razão de não atuar na superação da sua realidade social, automaticamente a conserva, enquadrando-se na direita; em resumo, *quem se diz "de centro" é necessariamente "de direita"*.

Naqueles tempos, o *status quo* era o Antigo Regime e a manutenção das classes dominantes. *Hoje, o* status quo *é o capitalismo liberal*, no qual o poder dominante é o econômico. De maneira que, *na atual conjuntura, é em relação ao capitalismo* que se dão as posições de *conservação* (direita) ou de *superação* (esquerda).

Vejamos o posicionamento da doutrina espírita. O lema da *esquerda* da Revolução Francesa: "*Liberdade, igualdade, fraternidade*" *verdadeiras*, é assumido na obra de Allan Kardec como o programa de mais alta realização para a humanidade. Escreve ele:

> "*Liberdade, igualdade, fraternidade*", estas três palavras são, por si sós, o programa de *toda uma ordem social, que realizaria o progresso mais absoluto da humanidade*, se os princípios que representam pudessem receber sua *inteira aplicação*. ... Esses três princípios são, pois, como o dissemos, solidários uns com os outros e se servem mutuamente de apoio; *sem sua reunião, o edifício social não poderia estar completo*.

(Allan Kardec, *Obras Póstumas*, pt. I, "Liberdade, igualdade, fraternidade".)

Temos, inclusive, em Kardec a expressão espírita desses princípios, quando *aplicados a contento* na sociedade, do modo como ocorre nos "mundos superiores", estado a que a Terra chegará um dia:

> Os homens ali vivem em paz, sem outro cuidado senão o de seu avanço pelo trabalho da inteligência. Lá, reinam a *verdadeira fraternidade*, porque *não há egoísmo*; a *verdadeira igualdade*, porque *não há orgulho*; a *verdadeira liberdade*, porque *não há desordens* a reprimir, *nem ambiciosos procurando oprimir o fraco*. Comparados à Terra, esses mundos são verdadeiros *paraísos*. (Allan Kardec, *O Céu e o Inferno*, cap. III, nº 11.)

Eis aí. A posição política natural da doutrina está sancionada: é a da *esquerda*! Por isso, ela não é indiferente, não se pode dizer que "tanto faz" ser de centro, esquerda ou direita quando se trata de espiritismo.

Como se percebeu, Kardec põe os três princípios noutra ordem: Fraternidade, Igualdade e Liberdade; e explica essa ordem, conforme a visão espírita:

> Se, portanto, a reencarnação funda sobre uma lei da natureza o princípio da *fraternidade universal*, ela funda sobre a mesma lei o da *igualdade de direitos sociais*, e, *em consequência, o da liberdade*. (Allan Kardec, *A Gênese*, cap. I, nº 36.)

Assim, a liberdade surge "em consequência" das outras, não antes. Claro, *não há liberdade* real se houver *desigualdade* social, pois a desigualdade impõe a dependência de um homem a outro e a consequente exploração de uns pelos outros. Eis o pensamento espírita.

A autora Anna Blackwell, que, como muitos espíritas, nutria afeição pelo fourierismo, fez muito bem ver a *vida comunitária como um ideal de vida decorrente do Espiritismo*. Acresça-se que o socialista Charles Fourier tinha ideias espiritualistas consideradas bem próximas das espíritas, como mostra Allan Kardec, na *Revista Espírita*, dez. 1862 (artigo "Charles Fourier, Louis Jourdain e a reencarnação").

Já na *Revista* de mar. 1869, "O Espiritismo em toda

parte", Anna Blackwell escreve a Allan Kardec que os caminhos do *senso espírita inglês* estavam "sem direção" para o "mundo novo que se abre diante da humanidade", diferentemente da "escola *espírita francesa*", que indicava essa direção. Então, como para reforçar a direção que tem a dar ao mundo futuro e preencher a lacuna que havia nos ingleses, apontada por Blackwell, Allan Kardec inclui, nesse mesmo artigo, a "*profissão de fé de um fourierista*" e conclui: "*Com uma tal profissão de fé, compreende-se que fourieristas e espíritas possam se dar as mãos*".

O fourierismo (de Charles Fourier), o sansimonismo (de Henri de Saint-Simon), bem como as visões de Proudhon e de Robert Owen, são propostas socialistas utópicas ou românticas. Definamos o socialismo:

> O termo *socialismo* deriva do latim *sociare*, compartilhar, "socializar". No socialismo, a *propriedade de bens pessoais* (roupas, casas, carros, objetos pessoais etc.) é natural e *nunca se defendeu sua abolição*. Por outro lado, a propriedade privada *de "meios de trabalho" ou de "meios de produção"* (fábricas, latifúndios, ferramental de trabalho, maquinaria, processos fabris etc., cujos produtos atendem a toda a comunidade) não é natural, antes, é *injusta*, *imoral* e causadora da *divisão* entre os homens. Defende-se a *socialização desta última*, a fim de sanar esses males. (A. Heywood, *Ideologias políticas*, vol. 1, cap. 4, "Socialismo", p. 107, 117.)

Porém, socialização, ou coletivização, não significam necessariamente estatização (isto é, pôr os meios de produção nas mãos do Estado), e sim, como o próprio nome diz, sob a direção da *sociedade*.[11]

O *socialismo* utópico ou romântico *é entendido como uma proposta que apresenta*

> programas idealistas de *sociedades cooperativistas* em que *todos trabalhariam* em *tarefas apropriadas* e *compartilhariam os resultados* dos seus *esforços comuns*. Os socialistas utópicos eram, em grande parte, herdeiros do Iluminismo. Como os filósofos desse movimento, acreditavam que todo crime e toda cobiça são frutos de um mau ambiente. Se os homens pudessem *libertar-se de hábitos viciosos* e *de uma estrutura social que*

[11] Afinal, é perfeitamente possível haver um *capitalismo de Estado*, como observado em regimes totalitários na história contemporânea. A propriedade "estatal" só seria ao mesmo tempo "social" se o Estado fosse uma *democracia suficientemente participativa* para que a sociedade mesma o gerisse.

> *facilita a escravização do fraco pelo forte*, todos viveriam *juntos em paz e harmonia*. Consequentemente, os socialistas utópicos recomendavam a fundação de comunidades-modelo, capazes, tanto quanto possível, de se bastarem a si mesmas, em que *a maior parte dos instrumentos de produção* fossem de *propriedade coletiva* e cujo governo fosse organizado principalmente sobre uma *base voluntária*. (E. McNall Burns, *História da civilização ocidental*, vol. 2, cap. 23, p. 698.)

Releia-se atentamente esta caracterização do socialismo romântico e se verá que *o Espiritismo encampa todas essas ideias*, conforme explicitaremos nas notas subsequentes.

Havia, entre os socialistas, os *socialistas cristãos*:

> O pai do *socialismo cristão* é Robert de *Lamennais* (1782-1854), um padre católico francês que tentou revivificar a *religião cristã como instrumento de reforma e de justiça social*. ... Em seus primeiros tempos, o socialismo cristão foi pouco mais que um pedido de *aplicação dos ensinamentos de Jesus aos problemas criados pela indústria*. (E. McNall Burns, *História da civilização ocidental*, vol. 2, cap. 23, p. 706.)

Como se sabe, Lammenais, após a morte, foi autor de diversas comunicações publicadas nas obras de Allan Kardec. Outro representante do socialismo cristão, igualmente autor de diversas comunicações nas obras de Kardec, foi *Lacordaire*.

Mas vamos mais fundo. Como vimos, Allan Kardec diz que "compreende-se que *fourieristas e espíritas possam se dar as mãos*" (*Revista Espírita*, dez. 1862, "Charles Fourier, Louis Jourdain e a reencarnação"). Aí está o Espiritismo associado ao socialismo. Kardec, noutro ponto, fala do socialista Jean Reynaud como um precursor do Espiritismo:

> *Jean Reynaud foi, portanto, um precursor do Espiritismo por seus escritos*; ele também tinha sua *missão providencial* e devia cavar um sulco; ... Jean Reynaud tinha cumprido o que devia fazer nesta última existência; ... *ora, falar de suas obras é pôr o pé na via do Espiritismo*. (Allan Kardec, *Revista Espírita*, agosto de 1863, "Jean Reynaud e os precursores do espiritismo".)

Ocorreu de um adversário da doutrina, sr. Gandy, ao ler a questão 884 d*O Livro dos Espíritos*, chegar a reconhecer claramente: "*Estamos espiriticamente em pleno socialismo*". Em seu preconceito, pensava com isso macular a doutrina. Porém, Kardec não o corrige, antes, reafirma-o:

> *Não pensamos que se possa possuir*, com toda segurança de consciência, às expensas da justiça; o Sr. Gandy deveria nos dizer em quais casos a *espoliação* é legítima. (Allan Kardec, *Revista Espírita*, jan. 1861, "La Bibliographie Catholique".)

Sabe-se que, embora tivesse condições de vida talvez equiparável às de um pequeno burguês, Kardec sustentava ideias voltadas a uma orientação econômica diversa daquela da burguesia liberal. Seus textos, ainda assinados H. L. D. Rivail, nos *Álbuns da Juventude*, de 1825, já manifestam desde cedo essa posição. John W. Monroe, Ph.D. em História da Europa, professor da Universidade de Yale, bem expressa, em seu livro, sobre o Kardec e o Espiritismo:

> Nascido em Lyon de uma família de advogados, cresceu católico, mas, *educado na famosa e progressista* escola de Johann Heinrich Pestalozzi em Yverdun, Suíça, Rivail reuniu um respeito por dignidade profissional e um gosto por moderação *com uma tardia atração para os valores do socialismo romântico*. (J. W. Monroe, *A travessia*, cap. "Do espiritualismo ao espiritismo", p. 11.)

E essa preferência de Kardec pelo socialismo, felizmente, convergiu com a dos Espíritos que participaram da codificação, de vez que o Espiritismo, em si, foi *reconhecidamente definido*, entre outros elementos, *pelo socialismo*:

> *O Espiritismo de Kardec foi ... definido por quatro elementos* muito diferentes daqueles presentes nos Estados Unidos ou na Grã-Bretanha: [1] *o legado do pensamento visionário cosmológico e moral derivado dos escritores Socialistas Românticos franceses, tais como Charles Fourier, Pierre Leroux e Henri Reynaud*; [2] uma concepção do desenvolvimento histórico teleológico e o valor do empirismo baseado no *Positivismo* de Auguste Comte; [3] um *ambiente religioso ortodoxo* dominado pela Igreja Católica, que mantinha ligações próximas com o Estado; e [4] um *governo autoritário* que impunha controles rigorosos sobre o discurso público, *especialmente em matérias concernentes à política, à economia e à religião*. (*Idem*, p. 25-26.)

Fica patente a conclusão do professor J. W. Monroe:

> Esta *fusão da metafísica romântico-socialista* e da epistemologia positivista era talvez a *contribuição intelectual mais original de Kardec. Politicamente, "O Livro dos Espíritos" tinha uma inspiração no Socialismo Romântico*, mas dispensou sua mensagem explicitamente revolucionária[12]. (*Idem*, p. 33.)

Tudo isso é reconhecido pelos maiores especialistas em Espiritismo ao redor do mundo. Cito, enfim, o antropólogo e professor da Universidade de Lyon, François Laplantine, estudioso do Espiritismo e coautor do livro *A mesa, o livro e os espíritos*, que resume:

> *O espiritismo francês, o kardecismo francês* repousa sobre uma trilogia, que é: a mediunidade, a reencarnação e *o progresso social*. Eu diria mesmo que é um socialismo pela reencarnação. (François Laplantine, no documentário *Em busca de Kardec*, de Karim A. Soumaïla, 2020, ep. 1, min. 21.)

Com efeito, a busca da igualdade dos direitos sociais pela reencarnação, ou melhor, *o socialismo pela crença na reencarnação*, tem sua fundamentação neste passo de Kardec:

> Com a reencarnação, *caem os preconceitos* de raças e de castas, uma vez que o mesmo Espírito pode renascer rico ou pobre, grande senhor ou proletário, mestre ou subordinado, livre ou escravo, homem ou mulher. De todos os argumentos invocados *contra a injustiça da servidão e da escravidão, contra a sujeição da mulher à lei do mais forte*, não há nenhum deles que prime em lógica sobre o fato material da reencarnação. Se, portanto, a reencarnação funda sobre uma lei da natureza o *princípio da fraternidade universal*, ela funda sobre a mesma lei o da *igualdade de direitos sociais*, e, *em consequência, o da liberdade. ... Tirai ao homem o espírito livre*, independente, sobrevivente à matéria, dele fazeis uma *máquina* organizada, sem objetivo, sem responsabilidade, sem outro freio que a lei civil, e *bom para explorar* como um animal inteligente. (Allan Kardec, *A Gênese*, cap. I, n° 36, 37.)

[12] De fato, a *mensagem revolucionária social* não está *explícita* na doutrina espírita, mas ela está presente *implicitamente*, conforme se verá em ND9.

Também Léon Denis, consoante seu mestre Kardec, desenvolve a ideia de que a crença na reencarnação, tomada a sério, deve conduzir ao desejo e à realização da mudança social para o socialismo:

> *A sociedade moderna, sob a inspiração do materialismo, não vê no universo senão a concorrência vital e a luta dos seres*, luta ardente, na qual *todos os apetites, todos os instintos estão desencadeados. Tende a fazer do mundo atual a formidável e cega máquina que esmaga as existências*, na qual o *indivíduo não passa de uma peça ínfima e passageira*, saída do nada para a ele logo retornar. Com essa noção da vida, qualquer sentimento de *verdadeira solidariedade desaparece*. Como o ponto de vista muda desde que o ideal novo venha esclarecer nosso espírito, regular nossa conduta! ... Em virtude de estar estabelecido que cada ser humano deve renascer muitas vezes neste mundo, passar por todas as condições sociais, – as existências obscuras e dolorosas sendo em maior número, e a riqueza mal-empregada arrastando opressivas responsabilidades – qualquer homem compreenderá que, *trabalhando para o melhoramento da sorte dos humildes, dos pequenos, dos deserdados, trabalha para si mesmo, já que ser-lhe-á necessário voltar à Terra e que há nove chances em dez de aí renascer pobre*. Graças a essa revelação, *a fraternidade e a solidariedade se impõem*; os privilégios, os favores, os títulos perdem sua razão de ser. ... A verdade sendo conhecida, compreender-se-ia que *os interesses de uns são os interesses de todos, e que ninguém deve ser a presa dos outros*. Daí, a *justiça na repartição* e, com a justiça, *em vez de rivalidades odiosas*, uma mútua confiança, a estima e a afeição recíprocas, numa palavra, a realização da lei de fraternidade, transformada na única regra entre os homens. *Tal é o remédio que o ensino dos espíritos traz aos males da sociedade*. (Léon Denis, *Depois da morte*, cap. LV, "Questões sociais".)

Cosme Mariño, espírita pioneiro na Argentina, presidente da Sociedad Constancia por 46 anos, conhecido como "Kardec argentino", confirma, em 1913, o socialismo como sendo parte integrante do Espiritismo:

> *Nossas simpatias foram sempre pelo socialismo*, porque, como dissemos, *dentro dos princípios do Espiritismo cabe o socialismo*, suposto que *a doutrina revolucioná-*

> *ria de Jesus é essencialmente socialista.* (Cosme Mariño, *Conceito espírita do socialismo*, 1ª conferência.).

O mesmo autor diz, na sequência:

> Senhores, *o socialismo é, como já dissemos, um capítulo do Espiritismo.* O socialismo provém, para nós, os ocidentais, da *doutrina pregada por Jesus; é aqui onde se acha a razão fundamental do socialismo.* (*Idem.*)

E deixa patente: "*Os espíritas são socialistas*" (*id.*), na mesma medida em que são amorosos, irmãos.

Léon Denis, já em 1924, vê com toda clareza a *aliança do espiritismo e do socialismo* produzir o modelo social futuro para a humanidade. Escreve:

> Para *regenerar a ordem social*, o *espiritismo*, o *socialismo* e o *cristianismo devem se dar as mãos*; *do espiritismo pode nascer o socialismo idealista.* (Léon Denis, *Socialismo e Espiritismo*, cap. V.)

Esse socialismo idealista não é diverso dos socialismos espiritualistas já existentes (de Fourier e Jean Reynaud) ou cristãos (de Lammenais e Lacordaire), apenas assume os princípios espíritas abertamente em seu bojo; os efeitos práticos, sociais, são os mesmos.

Por isso, Denis não está a inventar um outro socialismo, novo, só seu, de cunho meramente "espiritual" e "sacrificial", ou "de dever", sem nenhuma conexão com os "socialismos para o mundo material", como pretendem equivocadamente alguns intérpretes conservadores. Bem ao contrário: se ele não quisesse falar do próprio *socialismo*, teria criado outra palavra, pois seu mestre Kardec ensinou, mais de uma vez: "Para coisas novas, palavras novas". Ora, Denis usa deliberadamente a palavra *socialismo*, portanto, devemos entender *socialismo* mesmo, enquanto proposta para a *sociedade material, encarnada, com vistas à justiça social*, progressista que é, a despeito das inverdades que os conservadores queiram lançar-lhe.

Para Léon Denis, o Espiritismo veio justamente *sancionar o socialismo* em bases de leis universais:

> O espiritismo é um poderoso *meio de propaganda* e de *realização* de todas as *ideias grandes, generosas* e *humanitárias. Ele oferece ao socialismo uma base e uma sanção*, demonstrando que *os princípios de solidariedade, de fraternidade e de justiça, que são sua essência*

> *mesma*, encontram-se nas leis universais e *são a regra dos mundos superiores*. (*Idem*, cap. VIII.)

Assim, ele faz do socialismo, aqui, uma ideia apropriada a mundos superiores.

Afirmava Léon Denis, ademais:

> Na realidade, poder-se-ia dizer que *o Espiritismo não é senão o socialismo etéreo*, baseado sobre *regras absolutas de justiça* e sobre as *leis da consciência e da razão*. Seus princípios são inelutáveis; eles mostram *à humanidade* o caminho do dever, pelo qual ela chegará *à verdadeira luz* e à *plenitude de sua liberdade e de seus direitos.* (*Idem*, cap. II.)

Sim, o Espiritismo *sanciona* o socialismo. Melhor: no dizer de Denis, *ele é o socialismo etéreo,* isto é, espiritualizado. Além disso, o socialismo é que vigora nos *mundos superiores* (entre os quais, pela lei de progresso, *a Terra* estará um dia). *Eis, portanto, o sentido no qual devemos levá-la a se transformar*: é no sentido de trazer a ela o socialismo como forma social geral de regeneração.

Léon Denis, assim, contribui para nos fazer conhecer a posição dos Espíritos e da doutrina no espectro político, a saber: naturalmente, a posição esquerda.

> Nós devemos velar para que espíritos sábios intuam vossos homens de Estado. Quando os novos eleitos estiverem em face da realidade, *deverão, primeiro, constituir uma maioria mais à esquerda*. ... É preciso um *espírito novo*, comparável a um vinho generoso, que *verta nas veias do povo um ardor maior e um desejo de ir adiante*. (Léon Denis, *Socialismo e espiritismo*, cap. VII, Comunicações dos "nossos guias e protetores invisíveis".)

Na obra do filósofo, há ainda a admoestação para que se ponha em prática este programa:

> Do ponto de vista científico, veem-se surgir teorias novas e *a política* deve seguir um movimento paralelo. *A nova maioria vai se inspirar em doutrinas socialistas nos limites da justiça, do bom senso e da razão*. (Léon Denis, *Socialismo e Espiritismo*, VII.)

O ilustre filósofo espírita brasileiro, J. Herculano Pires, observando bem as orientações presentes na doutrina, estabelece decididamente:

> *Criaríamos uma ilusão anti-espírita se acreditássemos na possibilidade dessa abstenção política, alvitrada por alguns confrades, em diversas ocasiões.* ... Teria [o Reino] de ser um *movimento socializante, contrário ao individualismo capitalista.* E poderia começar pelo estabelecimento de um *sistema cooperativista de natureza cristã*, cujas unidades seriam as pedras fundamentais da *nova ordem econômica.* (J. Herculano Pires, *O sentido da vida*, cap. "Sociologia espírita", p. 78 e 80.)

Ele faz esta dura crítica aos cristãos, chamando à reflexão:

> *Abdicar, reduzindo o Evangelho a uma aplicação puramente individual*, sempre desvirtuada e incompleta, *entregando a direção dos povos à vaidade e ao egoísmo capitalistas, ao demoníaco torvelinho das lutas partidárias e dos conflitos de classe* – não tem sido sempre a atitude das igrejas cristãs? (J. Herculano Pires, *O Reino*, de 1946, "A posição do cristianismo".)

Noutras palavras, os cristãos não devem abdicar a direção das coletividades, reduzindo o Evangelho – a boa nova do reino – a uma aplicação meramente pessoal, íntima. (É o que infelizmente o movimento espírita conservador tem feito.) O *egoísmo capitalista, voraz e que põe as classes em luta perpétua*, deve receber, como contraponto direto, a poderosa mensagem social cristã, socialista.

J. Herculano Pires faz ver, ainda, a *comunidade que existia em torno do Cristo* como modelo para a *nova sociedade*, apontando suas características e indicando, ao mesmo tempo, aquilo que deve estar apartado dela:

> Sim, havia uma *comunidade messiânica* que vivia *segundo as regras malucas do Reino*. Era pequena, constituída de apenas cinquenta pessoas, tendo um grupo central de doze, que eram os ajudantes diretos do Mestre. Como viviam? Os ricos teriam dado seu dinheiro aos pobres? Mas, nesse caso, os pobres não se tornaram ricos? E as propriedades? Teriam ficado para o Mestre? *Não, pois Ele se recusava a possuir qualquer coisa. Tinha horror à propriedade privada*, à posse de uma palha, de uma pena, de uma simples semente. Judas de Kerioth, porém, carregava a bolsa sempre fornida, pronta a atender as necessidades vitais da comunidade. De onde vinham aqueles recursos? O Mestre explicava de maneira enigmática: "*Buscai primeiramente o*

> *Reino de Deus e a sua Justiça, e tudo o mais vos será dado por acréscimo*. Não andeis inquietos pelo dia de amanhã, porque ele a si mesmo trará o seu cuidado. Basta a cada dia a sua própria aflição". O mundo via, estarrecido, aquele exemplo de vagabundagem sagrada. ... *Ninguém arroteava a terra ou vendia mercadorias, a moeda não circulava em função reprodutora, ninguém fabricava tendas ou dava dinheiro a juros*. Todos se amavam e *se ajudavam, a dor de um era a dor de todos, o problema de um a todos afetava, a fome de um faria a todos jejuar*. (*O Reino*, cap. 4.)

Sobre o Reino na Terra, segundo a doutrina espírita, falaremos detidamente mais adiante, na nota ND12.

E temos esta conclusão magnífica, do mesmo filósofo espírita:

> Stanley Jones lembra *a pregação socialista de João*, o precursor, e chama a nossa atenção para aquela *vibrante proclamação de Jesus*, na sinagoga de Nazaré, ao ler o "Livro de Isaías": – "O Espírito do Senhor baixou sobre mim, e me ungiu para pregar boas novas *aos pobres*; me enviou para proclamar a *redenção dos cativos, aos cegos, vista, pôr em liberdade os oprimidos* e proclamar o *ano agradável ao Senhor"*. (Lucas 4:18-12) Este Ano agradável ao Senhor, ou do jubileu, como se vê em Levítico 25: 10, era para os judeus um ano de renovação nacional. *Os escravos eram libertados*, e *a terra novamente dividida entre todos*, evitando-se assim, *nessa redistribuição periódica, a formação dos latifúndios, o açambarcamento do meio principal de produção*. Stanley Jones frisa este significado do programa cristão, que responde perfeitamente a uma necessidade fundamental do mundo moderno, e, logo a seguir, lembra o Canto de Maria, a antevisão do Reino de Deus pela própria mãe do Messias, em sua visita a Isabel, canto esse que Bernard Shaw classificou como *o mais revolucionário* jamais escrito em toda a história da Europa, e que assim encontramos no Evangelho: "Espargiu os soberbos nos pensamentos do seu coração, *arrancou os príncipes dos seus tronos* e *elevou os humildes, encheu de bens os que tinham fome* e *despediu vazios os que eram ricos*" (Lucas 1:51-53). (J. Herculano Pires, *O Reino*, de 1946, "Dentro de um critério histórico".)

Conhecemos aí algumas passagens referentes ao Espiritismo em seu aspecto socialista, que decerto abrem vasto campo à construção das ideias.

Vejamos, agora, as passagens elogiosas de Allan Kardec sobre o princípio comunitário ou do *comunismo puro* – a "comunidade" (*communauté*) --, suprimidas as críticas às visões partidárias e falaciosas que lhe agregaram os seguidores materialistas. Associando a esse princípio o elemento espiritual, a "comunidade" (*communauté*) corporifica a "caridade" (*charité*) e, progredindo a sociedade nesse sentido, vislumbra-se mesmo a realização do *reino de Deus na Terra*. O texto completo está na *Viagem espírita em 1862*, Discursos, nº III:

> Alguns homens bem intencionados, tocados pelos sofrimentos de uma parte de seus semelhantes, creram encontrar o remédio ao mal em certos sistemas de *reforma social*. Com pequenas diferenças, o princípio é aproximadamente o mesmo em todos, qualquer que seja o nome que se lhes dê. *Vida comum* para ser menos onerosa; *comunidade de bens para que cada um tenha alguma coisa*; *participação de todos na obra comum*; *nada de grandes riquezas*, mas, também, *nada de miséria*. ... *O objetivo é louvável, sem dúvida*. ... A *comunidade* [*communauté*] é a abnegação mais completa da personalidade; cada um devendo dar de sua pessoa, ela requer o *devotamento* mais absoluto. *Ora, o móvel da abnegação e do devotamento é a caridade* [*charité*], *quer dizer, o amor ao próximo*. Mas reconhecemos que o fundamento da caridade é a *crença*; que a falta de crença conduz ao materialismo, e o materialismo, ao egoísmo. Num *sistema que, por sua natureza, requer, para sua estabilidade, as virtudes morais no supremo grau*, era preciso tomar o ponto de partida no elemento espiritual. ... Como, então, sob o império do egoísmo, fundar *um sistema que requer a abnegação* num grau tanto maior quanto *tem por princípio essencial a solidariedade de todos para cada um e de cada um para todos*? ... Ensinai, portanto, a caridade, e sobretudo pregai pelo exemplo: é a âncora de salvação da sociedade. Só ela pode *trazer o reino do bem sobre a Terra, que é o reino de Deus*; sem ela, o que quer que façais, não criareis senão utopias, das quais retirareis apenas decepções. Se o Espiritismo é uma verdade, se ele *deve regenerar o mundo*, é porque tem por base a

caridade. (Allan Kardec, *Viagem espírita em 1862*, Discursos, III, § 9-11,13.)

Que aí se trata de "comunismo", atesta-o sua referência na *Revista* (fev. 1863, "Sermões contra o Espiritismo") – em que, devido a ideias precipitadas que lhe ligaram os partidários, dele se aparta. Como se sabe, os Espíritos fazem crítica a *um tipo* de "comunismo", baseado na *inveja*, iludido quanto a uma *igualdade absoluta* e *aniquilador da pessoa*, tachado de "quimera" e "antissocial" (*O Livro dos Espíritos*, n° 811; *Revista Espírita*, out. 1861, Epístola de Erasto). Mas esta não é nem poderia ser uma crítica ao *princípio mesmo do comunismo*, nem a *todos os seus tipos*; aliás, essa crítica é bem próxima daquela que também faz o filósofo Karl Marx (*Manuscritos econômico-filosóficos*, cap. "Propriedade privada e comunismo"), designando essas mesmas ideias como "comunismo de inveja", "rude", "aniquilador da pessoa". É de amplo conhecimento, porém, que o *comunismo propriamente dito* não preconiza nada disso. Tampouco consiste ele numa igualdade absoluta, pois traz como lema: "*A cada um segundo sua necessidade*" (conforme se lê em Karl Marx, *Crít. Progr. Gotha*, glosas, I, 3, § 33; preconiza, então, que terá mais quem precisa mais, menos, quem precisa menos: logo, nenhuma "igualdade absoluta de riquezas", e sim a *equidade*.

Definamos, então, corretamente o *comunismo*:

> O *comunismo* significará, antes de mais nada, uma sociedade sem classes [isto é, *sem a divisão de classes*, exploradores e explorados]. Ninguém *viverá da propriedade*, mas *todos viverão unicamente do trabalho*. ... O *estado desaparecerá* então e será relegado ao museu de antiguidades ...; nada o substituirá, exceto *associações voluntárias* para controlar os *meios de produção* e *suprir as necessidades sociais*. Mas a essência do comunismo é o *pagamento segundo as necessidades*. ... Cada cidadão *deverá trabalhar de acordo com as suas capacidades* e terá *direito a receber do monte total das riquezas produzidas uma quantia proporcional às suas necessidades*. (E. McNall Burns, *História da civilização ocidental*, vol. 2, cap. 23, p. 701.)

Platão e os *Evangelhos* foram os originadores dos ideais do comunismo, como especifica N. Bobbio (*Dicionário de política*, verbete "comunismo", p. 288.)

Ademais, o próprio texto de Kardec acima deixa claro que, *acrescida de espiritualidade, a ideia central comunista é tratada como muito elevada e apropriada à humanidade regenerada!* Poderíamos pensar que Allan Kardec não se oporia a um tipo de comunismo pacifista, respeitador de direitos humanos e espiritualista, estimado, inclusive, como característico da condição futura da Terra. Para maior aprofundamento do assunto, indicamos a obra de Sérgio F. Aleixo, *Que Espiritismo é o nosso?*, vol. 1, cap. 23, "Espiritismo e comunismo".

Eis o registro antigo, da Bíblia, que serve de *modelo de sociedade*, baseado nos ensinos de Jesus: a chamada primeira comunidade cristã apostólica. Um texto precioso:

> E acrescentaram-se a eles, naquele dia, cerca de *três mil pessoas*. Eles mostravam-se assíduos ao ensinamento dos apóstolos, à *comunhão fraterna*, à *fração do pão* e às orações. ... Todos os que tinham abraçado a fé *reuniam-se e punham tudo em comum*: vendiam suas propriedades e bens, e *dividiam-nos entre todos, segundo as necessidades de cada um*. Dia após dia, unânimes, mostravam-se assíduos no Templo e *partiam o pão pelas casas*, tomando o alimento com alegria e simplicidade de coração. ... A multidão dos que haviam crido era um só coração e uma só alma. *Ninguém considerava exclusivamente seu o que possuía, mas tudo entre eles era comum. ... Não havia entre eles necessitado algum*. De fato, os que possuíam terrenos ou casas, vendendo-os, traziam os valores das vendas e os depunham aos pés dos apóstolos. *Distribuía-se então, a cada um, segundo sua necessidade*. (*Atos* 2:41,43-46; 4:32,34-35. Texto da *Bíblia de Jerusalém*.)

Léon Denis, conhecedor dessa comunidade, afirma inequivocamente que o *comunismo* foi praticado nas primeiras comunidades cristãs:

> *O Cristianismo primitivo*, saído do meio do povo e que combatia a aristocracia e o sacerdócio judeu, *tinha começado pelo Comunismo*, pela eleição dos padres, dos padres casados. (Léon Denis, *O progresso*, cap. V.)

O testemunho de que o modelo cristão de sociedade é o *comunista* aparece também em Cairbar Schutel, J. Herculano Pires, Cosme Mariño etc.

O grande espírita brasileiro Cairbar Schutel escreve,

sobre a primeira comunidade cristã, de Atos dos Apóstolos (cap. 2 e 4), a qual ele chamava de Comuna Cristã:

> A *organização da Comuna* tornou-se um fato de grande importância na Judeia, *tendo sido esta instituição provavelmente muito combatida*, pois, de forma alguma poderia agradar ao *sacerdotalismo* dominante, nem ao *capitalismo*, que viam naquelas ideias novas um *perigo para a sua fortuna, para seu apego ao mando e às posições*. (*Vida e atos dos apóstolos*, cap. "Dispenseiros da Comuna".)

J. Herculano Pires afirma, seguindo Cairbar Schutel, o que ninguém mais pode negligenciar:

> Cairbar Schutel, um dos mais lúcidos intérpretes espíritas do Evangelho, em nosso país, também alude, no seu livro "Vida e Atos dos Apóstolos" [capítulo "Comunidade cristã"], às *pregações de João e aos ensinos sociais de Jesus*, e exclama: "A dizer com franqueza, segundo a linguagem dos tempos atuais, *os dois grandes revolucionários cristãos eram francamente comunistas*. Ninguém há, que, lendo os Evangelhos, nos possa contestar essa verdade. Naturalmente que não se trata de um comunismo materialista, que degenera em anarquismo, mas poderíamos intitulá-lo *Comunismo Cristão, com todas as insígnias de Fraternidade, Igualdade e Liberdade*." Esse *comunismo espiritualista*, traduzido em amor – mas que nem por isso abdica da energia e da coragem – não se encontra, aliás, apenas em diversas passagens no Evangelho, ou no pensamento dos seus intérpretes. *Ele frutificou em realidade, foi posto em prática pelo Cristo desde o início da sua divina missão, e tomou vulto na comunidade dos apóstolos*, como vemos em Atos 32-35, na seguinte descrição: "E, da comunidade dos que creram, o coração era um e a alma era uma, e nenhum deles dizia que coisa alguma do que possuía era sua própria, mas *tudo entre eles era comum*. E com grande poder os apóstolos davam o testemunho da ressurreição do Senhor Jesus, e em todos eles havia abundante graça. *Pois nenhum necessitado havia entre eles*, porque todos os que possuíam terras ou casas, vendendo-as, traziam o preço do que vendiam e depositavam-no aos pés dos apóstolos; e *repartia-se a cada um conforme a sua necessidade*". (J. Herculano Pires, *O Reino*, de 1946, "Dentro de um critério histórico".)

Cosme Mariño disse, em 1913:

> *Jesus, por outra parte, na prática, era comunista, como o revelam todas as circunstâncias de sua vida*; ele e seus discípulos *tinham uma bolsa comum e, dessa bolsa, todos tiravam o alimento por igual*. Se bem ele não pregou o comunismo, deixou a semente *para que, com o passar dos séculos, frutificasse*: o importante pelo momento era *preparar a terra inculta por meio de um socialismo* cuja origem devia provir do amor divino e se consolidar mediante a fraternidade e o amor de todos os homens sem exceção". (Cosme Mariño, *Conceito espírita do socialismo*, 2ª conferência.)

Aqui, o autor indica uma sequência para a transformação da Terra, segundo a vontade de Jesus: preparar a terra pelo *socialismo*, para a frutificação posterior do *comunismo*.

Acompanhando o pensamento de Kardec citado mais acima (sobre a *communauté*), Léon Denis também vê na ideia do comunismo algo muito elevado:

> *Longe de nós o pensamento de criticar os comunistas de convicção sincera* que quereriam estabelecer sobre a Terra *o regime social que reina provavelmente nos mundos superiores*, lá onde *todos trabalham para cada um e cada um para todos* em um espírito de *abnegação*, de *devotamento* absoluto a uma causa comum. Esse regime exige *qualidades morais e sentimentos de altruísmo* que não existem senão no estado de exceção em nosso mundo egoísta e atrasado. (Léon Denis, *Socialismo e Espiritismo,* cap. IV.)

Ora, dado que a Terra será, pela lei de progresso e pela ação dos homens, um mundo superior ao que é hoje, e tendo em vista o modelo ensinado pelo Cristo, sem dúvida, é *nesta direção comunitária que se configurará a sociedade regenerada*. Podemos pensar, a partir do que vimos aqui, que a Terra provavelmente passará pelas fases de *mundo de regeneração socialista*, até chegar ao estado de *mundo feliz comunista*.[13]

Essa sequência histórica para as sociedades da Terra

[13] Somente mais adiante ainda, na última fase do progresso dos mundos (mundos "celestes ou divinos"), habitados por Espíritos *puros*, não havendo mais *reencarnação*, não haverá organização social material: "As *necessidades do corpo* acarretam *necessidades sociais* que *não existem mais para os Espíritos*; assim, para eles, os cuidados ... que se dão para se proporcionar as necessidades ou as superfluidades da vida *não existem mais*." (Allan Kardec, *Revista Espírita*, abr. 1859, "Quadro da vida espírita".)

que acabamos de aventar, passando pelo *socialismo* e chegando ao *comunismo*, não é aleatória; está no pensamento espírita. Sabe-se que ela é reconhecida pelo marxismo, porém, o pioneiro espírita Cosme Mariño argumenta que essas fases se seguem do próprio avanço da realização dos princípios cristãos na Terra:

> *Não esqueçamos, senhores, que o cristianismo vai muito mais longe ainda que o socialismo: tende invariavelmente para o comunismo*, que é a *sanção da igualdade entre os homens*. E, se, por agora, o comunismo permanece ainda como uma utopia irrealizável, é porque há que se dar tempo à evolução moral que segue se operando na consciência humana; *há, primeiro, que se chegar ao socialismo, e, quando esse sistema social estiver definitivamente arraigado nos povos, então aparecerá o comunismo e se constituirá como o fim último e a consagração da grande doutrina cristã*, que nos serviu, aos ocidentais, de ponto de partida dessa grande evolução. (Cosme Mariño, *Conceito espírita do socialismo*, 2ª conferência.)

Vê-se que focos sociais luminosos, como o da comunidade cristã primitiva, surgem no mundo aqui e ali, em todas as épocas, tornando-se faróis ou modelos para os outros, ou, no dizer de Allan Kardec, verdadeiros "*mundos futuros em miniatura*" (cf. *Revista Espírita*, jul. 1865, Estudos morais, "A comuna de Kœnigsfeld, o mundo futuro em miniatura"), os quais, um dia, por nosso esforço, estenderão seus princípios de convivência a toda a Terra. (Este texto de Allan Kardec está citado inteiro, mais adiante, na nota ND17).

Não é sem entusiasmo e coerência com todos esses textos que o filósofo espírita da primeira hora, Maurice Lachâtre, amigo e livreiro de Allan Kardec, escreve, em 1880, sobre o modelo sociopolítico mais adiantado, que poderíamos chamar de *comuna anarquista espírita*, em que o poder não está centralizado e as leis seguidas são diretamente as de Deus, isto é, da natureza:

> As nações poderiam ser *regidas unicamente pelas leis da natureza*, sem o auxílio das leis humanas; *e assim será* quando os homens compreenderem melhor em que consistem os seus direitos e os seus deveres.

> Anarquia[14] ou *ausência de governo; comuna e federação com a bandeira vermelha, eis o que marcará o último progresso na sociedade. O Espiritismo se destina a preparar o caminho para essa nova ordem de coisas*, destruindo o materialismo, que é uma das chagas da sociedade; suprimindo todas as religiões que embrutecem a humanidade; fazendo com que os homens entendam em que consiste o seu verdadeiro interesse; *acabando com os preconceitos de seitas, de castas, sexo e cor da pele*; espalhando entre os homens o *princípio de propriedade coletiva* e de *solidariedade* que deve *unir os homens como irmãos*. (Maurice Lachâtre, em 1880, *O espiritismo, uma nova filosofia*, cap. 6, "Lei do progresso", p. 116-117.)

Quanto mais avançada, portanto, a sociedade, mais ela toma o aspecto desta descrição da verdadeira civilização, registrada as obras fundamentais:

> De dois povos chegados ao cume da *escala social*, só pode se dizer o mais civilizado, na verdadeira acepção da palavra, aquele no qual se encontra *o menos de egoísmo, de cupidez e de orgulho*; onde os hábitos são *mais intelectuais e morais* que materiais; onde a *inteligência pode se desenvolver com o mais de liberdade*; onde há o mais de *bondade*, de *boa-fé*, de *benevolência* e de *generosidade recíprocas*; onde os *preconceitos* de casta e de nascimento são *o menos enraizados*, pois esses *preconceitos são incompatíveis com o verdadeiro amor ao próximo*; onde *as leis não consagram nenhum privilégio* e *são as mesmas* para o último como para o primeiro; onde *a justiça se exerce com o menos de parcialidade*; onde *o fraco encontra sempre apoio contra o forte*; onde *a vida do homem, suas crenças e suas opiniões são o melhor respeitadas*; *onde há o menos de infelizes*, e, enfim, onde *todo homem de boa vontade está sempre seguro de lhe não faltar o necessário*. (Allan Kardec, *O Livro dos Espíritos*, nº 793, nota.)

Podemos, em conclusão, indicar a fase do mundo de regeneração em *passagem* para a de mundo feliz, em seus aspectos *morais e sociais*, pela obra de Kardec:

> Suponhamos agora um mundo onde, entre os elemen-

[14] Entendida aqui no sentido de "anarquismo", conceito próprio da filosofia política para um modelo político bem ordenado e sem poder centralizado (como defendido por Proudhon, Godwin, Thoreau, Tolstói etc.), e não no sentido vulgar de "desordem".

tos maus que acabamos de ver, encontram-se alguns daqueles da segunda ordem; então, no meio da perversidade, veremos aparecer algumas virtudes. Se os bons estão em minoria, serão a vítima dos maus; mas, à medida que aumenta sua preponderância, *a legislação será mais humana, mais equitativa e a caridade cristã não será para todos uma letra morta*. Desse bem mesmo vai nascer outro vício. Malgrado *a guerra que os maus declaram, sem cessar, aos bons*, eles não podem se impedir de estimá-los em seu foro íntimo; vendo o ascendente da virtude sobre o vício, e não tendo nem a força nem a vontade de praticá-la, procuram parodiá-la; *dela tomam a máscara; daí os hipócritas, tão numerosos em toda sociedade onde a civilização é imperfeita*. Continuemos nossa rota através dos mundos, e detenhamo-nos naquele que vai nos repousar um pouco do triste espetáculo que acabamos de ver [nos mundos do mesmo grau que a Terra]. Ele é habitado apenas por Espíritos da segunda ordem. Que diferença! O grau de depuração ao qual chegaram exclui neles todo pensamento do mal, e só esta palavra já nos dá a ideia do estado moral desse feliz país. *A legislação nele é bem simples*, pois os homens *não têm de se defender uns contra os outros*; ninguém quer o mal ao seu próximo, *ninguém se apropria* do que não lhe pertence, *ninguém procura viver em detrimento de seu vizinho*. Tudo respira a benevolência e o amor; os homens *não procurando se prejudicar*, não há ódios; o egoísmo aí é desconhecido, e a hipocrisia aí seria sem objetivo. Lá, no entanto, não reina a igualdade absoluta, pois a igualdade absoluta supõe uma identidade perfeita no desenvolvimento intelectual e moral; ora, vemos, pela escala espiritual, que a segunda ordem compreende vários graus de desenvolvimento; haverá, portanto, nesse mundo, desigualdades, porque *uns serão mais avançados que outros*; mas, como não há neles senão o *pensamento do bem*, os mais elevados não conceberão orgulho por isso, nem os outros, ciúme. O inferior compreende o ascendente do superior e a ele se submete, porque *esse ascendente* é puramente moral e *ninguém disso se serve para oprimir*. (Allan Kardec, *Revista Espírita*, mar. 1858, "Júpiter e alguns outros mundos".)

Claro está que as "desigualdades" de que aí se falam, que ainda estarão presentes, não são as desigualdades das *condições sociais* (que vemos em nosso mundo atualmente, contrárias às leis de Deus e que se originam do egoísmo, conforme *O Livro dos Espíritos*, n° 806), mas da mera diferença de adiantamento, que implica, no mundo, uma diferenciação *administrativa*, de funções, cabendo aos mais avançados moralmente certa prerrogativa diretiva, condicionada ao consentimento ou à aceitação do consenso geral. Está explícito que, nesse grau de adiantamento do mundo, os mais adiantados de *modo nenhum oprimirão seus irmãos*. Isso corresponde à "aristocracia intelecto-moral", do texto "As aristocracias", em *Obras Póstumas*, pt I.

Com efeito, da bolsa da comunidade cristã é "dado a cada um segundo a sua necessidade"; nessas condições mais avançadas, pode haver, então, apenas cadernetas-hora ou registros simples de distribuição (como propõem alguns socialistas), quando o egoísmo já não calcula cada parcela de ganhos e perdas.

Politicamente, pode-se pensar, na sociedade terrena regenerada, em algo como um *governo de sábios desinteressados* (como em Platão, *A República*, livro VI, 484-485, e *As Leis*, livro V, 739b-740b, sem a concentração do poder), que orientam e educam para a práxis social, visando mais justiça, benefício a todos, bem comum, e em quem se confia de bom grado, segundo esta explicação:

> Cada um sente bem sua força ou sua fraqueza, e saberá sempre ter uma sorte de deferência por aquele que o merecer *por sua virtude e sua sabedoria*. É importante colocar isso, a fim de que *os que se creem superiores conheçam seus deveres* para *merecer* essas deferências. *A subordinação não estará comprometida, quando a autoridade for dada à sabedoria*. (Allan Kardec, *O Livro dos Espíritos*, n° 878.)

Em "As aristocracias" (*Obras Póstumas*, pt. I), Kardec diz que, na nova sociedade, "os bons estarão em *maioria e farão a lei* a seu turno", indicando que a aristocracia intelecto-moral funcionará como uma espécie de *gestão democrática participativa*:

> Quando os homens dessa categoria [os bons] forem *bastante numerosos* para formar uma *maioria* imponente, *é a eles que a massa confiará* seus interesses. (*Idem*.)

Assim, todos darão sua deferência, *consentindo* com as sugestões mais *sábias*, e não serão *submetidos*, muito menos *oprimidos*, no mundo mais avançado. Elaborar a maneira de pôr em prática, no detalhe, tal forma de governo, porém, fica a nosso cargo; a doutrina traça seus aspectos mais gerais. Quanto aos princípios da nova sociedade, a doutrina os indica, como veremos ainda mais.

ND6 – Pode-se recordar, sobre a relação da crença espírita com a cooperação humana, esta passagem de Allan Kardec:

> Com o pensamento de que a *atividade* e a *cooperação* individuais na *obra geral da civilização* estão limitadas à vida presente, de que se foi nada e nada se será, o que importa ao homem *o progresso ulterior da humanidade*? Que lhe importa que, *no futuro, os povos sejam melhor governados, mais felizes, mais esclarecidos, melhores uns para os outros*? ... Mas, ao contrário, que amplitude dá ao pensamento do homem a *certeza da perpetuidade do seu ser espiritual!* (Allan Kardec, *A Gênese*, cap. XVIII, nº 16.)

Assim, se o *pensamento limitado à vida presente* tem como resultado essa postura mesquinha do homem, o *pensamento espírita*, ao contrário, que é ampliador da existência, necessariamente terá efeitos opostos aos descritos acima, a saber: estimulará positivamente *a cooperação na obra geral da civilização*, ampliada às vidas futuras; fará com que todos *se importem com o progresso ulterior da humanidade*, isto é, preocupem-se com que *os povos sejam melhor governados, mais felizes, mais esclarecidos, melhores uns para os outros.* Essa cooperação e a preocupação com o governo dos povos é marca do progresso realizado.

ND7 – Há vários apontamentos sobre isso, em diversos autores espíritas alinhados com a codificação.

Dizia Allan Kardec:

> As relações do mundo visível e do mundo invisível ... *estabelecem a solidariedade*, que é a base da *fraternidade. Cada um não trabalha somente para si, mas para todos e, trabalhando para todos, cada um aí encontra sua quantia*; é o que não compreende o egoísmo." (*Re-*

vista Espírita, dez. 1868, "Sessão anual comemorativa dos mortos".)

> Quando a maioria dos homens estiver imbuída dessa ideia [de que a felicidade está na razão do bem praticado na Terra], quando ela professar esses princípios e praticar o bem, resultará que *o bem vencerá o mal aqui embaixo*; que os homens não procurarão mais se prejudicar mutuamente; que *regrarão suas instituições sociais em vista do bem de todos e não em proveito de alguns*; numa palavra, compreenderão que a lei da caridade ensinada pelo Cristo é *a fonte da felicidade, mesmo neste mundo*, e *basearão as leis civis sobre a lei de caridade*. (Allan Kardec, *O que é o Espiritismo*, cap. II, nº 100.)

Como antecipamos em ND5, certa feita, um católico adversário do Espiritismo (Sr. Gandy) lançou-se a tecer comentários aO *Livro dos Espíritos* com o fim de destratá-lo, os quais Allan Kardec publicou na *Revista*. Sobre o tema da *propriedade*, temos o seguinte comentário do antagonista, que terminou por fazer um reconhecimento interessante sobre a doutrina:

> "A propriedade, para ser legítima, deve ser adquirida sem prejuízo da lei de amor e de justiça"; assim, *qualquer um que possui, sem cumprir os deveres de caridade* que ordena a consciência ou a razão individual, é um usurpador do bem de outrem; *estamos espiriticamente em pleno socialismo*. (*Revista Espírita*, jan. 1861, "*La Bibliographie Catholique* contra o Espiritismo".)

Considerando, porém, o preconceito que a Igreja Católica tinha, à época, tanto com o Espiritismo quanto com o socialismo, esse articulista achou que só o fato de associá-los os depreciaria duplamente. Allan Kardec, por sua vez, não corrige tal reconhecimento; bem ao contrário, ratifica o princípio assumido, escrevendo esta resposta, na imediata sequência:

> O texto [trata-se da questão 884 dO *Livro dos Espíritos*] traz: "*Não há propriedade legítima senão aquela que é adquirida sem prejuízo para outrem*. A lei de amor e de justiça, proibindo fazer a outrem o que não quereríamos que se nos fizesse, *condena, por isso mesmo, todo meio de adquirir que fosse contrário a essa lei*". Não diz: "que ordena a razão individual"; isso é uma adição

pérfida. *Não pensamos que se possa possuir, com toda segurança de consciência,* às expensas *da justiça*; o Sr. Gandy deveria nos dizer *em quais casos a espoliação é legítima*. (*Idem*.)

Importa ressaltar que o sentido da questão 884, aqui aprofundado, é o de que toda forma de *propriedade que prejudique ou prive alguém* do que lhe é devido é *ilegítima*, ainda que consagrada pela falível lei humana. Tal apropriação é *espoliadora* e sua defesa constitui um *compromisso com a má consciência e a injustiça*. Outras formas de propriedade, decerto, podem ser e são pensadas para mudar essa realidade, tendo em vista não mais o princípio do individualismo, mas o da *cooperação*, como defende Anna Blackwell.

Foi interrogado ao Espírito Charles Fourier, pai intelectual da corrente de socialismo "romântico" ou "utópico" chamada fourierismo, acerca das "sociedades cooperativas", que praticam o *princípio da cooperação*, defendidas então por seus adeptos. E ele atesta sua correção, ainda que sob um linguajar que cabia ser aperfeiçoado, como se lê em dissertação publicada por Allan Kardec:

> Um discípulo de Charles Fourier, que é ao mesmo tempo espírita, dirigiu-nos ultimamente uma evocação com pedido de solicitar uma resposta, se isso fosse possível, a fim de se esclarecer sobre certas questões. Uma e outra *tendo-nos parecido instrutivas*, transcrevemo-las abaixo: ... "Irmão Fourier, ... peço-te me dizer também o que pensas das *sociedades cooperativas* que germinam de todos os lados na superfície de nosso globo." ... Resposta – "... Eu fiz um sistema, destinado, como todos os sistemas, a viver um tempo, depois a se transformar, a se associar a novos elementos mais verdadeiros. Dá-se, vede vós, com as ideias como com os homens. Desde que são nascidas, *não morrem: elas se transformam*. Grosseiras de início, envoltas na ganga da linguagem, elas encontram sucessivamente obreiros que as talham e as vão polindo cada vez mais, até que o calhau informe *seja tornado o diamante de vivo brilho, a pedra preciosa por excelência*. Procurei conscienciosamente *e encontrei muito*. Apoiando-me sobre os princípios adquiridos, *fiz avançar alguns passos o pensamento inteligente e regenerador*. O que descobri *era verdadeiro em princípio*; falseei-o, ao querer aplicá-lo." (Allan Kar-

dec, *Revista Espírita*, abr. 1969, Dissertações espíritas, "Charles Fourier".)

Seu sistema, portanto, como admitido, tinha um *princípio verdadeiro*, a saber, exatamente o da pergunta lançada a ele: o *princípio da cooperação*, isto é, o das *sociedades cooperativas*, devendo apenas ser aprimorado para compreensão e aplicação mais perfeitas. Diversos pensadores sociais, de diversos matizes socialistas, que também admitem esse princípio cooperativista, fizeram o trabalho filosófico de contínuo aperfeiçoamento dessas ideias e de sua aplicação, como Jean Reynaud (sansimonista espiritualista), F. Herrenschneider (sansimonista espírita, correspondente de Kardec na *Revista*), Eugène Sue, Pierre Leroux, André Godin (correspondente espírita), Karl Marx, Friedrich Engels (materialistas), Maurice Lachâtre (autor espírita, amigo e livreiro de Kardec, tradutor para o francês da 1ª edição de *O Capital* de Marx), Jules Guesde (materialista), Jean Jaurès (espiritualista e amigo de Léon Denis, co-fundador do Partido Socialista francês), Paul Lafargue etc. Já vimos, e veremos mais, como esse princípio norteia a sociedade no Espiritismo.

Podemos observar, em adendo, que muitos Espíritos que participaram da codificação espírita eram *socialistas*: Platão e Diógenes, proto-socialistas; Henri Heine, socialista; Lacordaire, Lamennais, políticos socialistas cristãos; mesmo entre os encarnados, eram socialistas Léon Denis, Maurice Lachâtre, J. Herculano Pires, H. Mariotti, Cosme Mariño etc. Léon Denis nos deixou claro:

> *Os grandes missionários espirituais foram, a títulos diversos, grandes socialistas.* (*Socialismo e Espiritismo*, cap. V.)

Cosme Mariño, pioneiro e mais destacado conferencista espírita argentino, nomeia o maior missionário dessa lista:

> *Jesus é o maior revolucionário social dos que teve a humanidade e é o verdadeiro fundador do socialismo.* (*Conceito espírita do socialismo*, de 1913, 1ª conferência.)

Encarando a questão da *propriedade e distribuição dos bens* pelo prisma espírita, que é o socialista, afirma Maurice Lachâtre:

O Espiritismo se destina a preparar o caminho para essa *nova ordem de coisas*, ... espalhando entre os homens *o princípio de propriedade coletiva e de solidariedade* que deve unir os homens como irmãos. (*O Espiritismo, uma nova filosofia*, cap. 6, "Lei do progresso".)

E acrescenta:

O uso dos bens terrenos é um direito de todos os homens. Essa *lei* é uma consequência da necessidade de viver. Portanto, *a propriedade individual, tal como é consagrada entre os povos civilizados, é uma violação da lei natural, pois investe alguns indivíduos de um direito soberano de riquezas sociais em detrimento das classes trabalhadoras*. Daí resulta a abundância de todas as coisas para alguns e a pobreza para muitos. *Ninguém tem o direito ao supérfluo enquanto cada um não tiver o necessário*. ... *Aqueles que açambarcam os bens da Terra* para obter o supérfluo, em detrimento dos que não têm o necessário, *desprezam a lei de Deus e são responsáveis pelos sofrimentos* que advêm das privações que terão feito aos seus irmãos. (*Idem*, cap. 6, "Gozo dos bens terrenos".)

Vejamos, ainda, a exposição de Cosme Mariño, trazendo a visão espírita, cristã, acerca da *propriedade privada* e da *restituição à massa social*:

Das páginas de seu evangelho, *não se deduz* que [o cristianismo] seja o *baluarte que defenda a propriedade* como inviolável; mas, sim, o princípio de uma evolução segundo a qual, com o passar do tempo e a prática de sua sublime doutrina, *o selo de inviolabilidade que o direito de propriedade teve irá se esfumando gradualmente, até que desapareça de todo*. ... As *limitações ao direito de propriedade, que o socialismo persegue, têm sua origem no evangelho cristão*. ... Vê-se, pois, que o *caráter inviolável e sagrado da propriedade diminuiu*, à medida que o sentimento de *solidariedade humana* e de *seguridade social* se intensificou nos povos que marcham impulsionados pela *civilização cristã*. ... Jesus, senhores, não podia propiciar nenhuma ideia que conduzisse ao açambarcamento dos bens terrenais. ... Os bens materiais são um empréstimo durante a vida ...; assim que morre, esse empréstimo caduca *e seu importe deve voltar à massa social* para estabelecer o *equilíbrio econômico perturbado* às vezes pela sorte,

> *pela prepotência do capital sobre o trabalho* ou pela demasiada exuberância do labor individual. ... E as restrições seguirão aumentando à medida que as necessidades materiais e espirituais cresçam, para *restabelecer o equilíbrio entre o capital e o trabalho, perturbado constantemente pelo açambarcamento da fortuna em poucas mãos*. Não devemos esquecer, senhores, *este princípio que se desprende da filosofia do cristianismo*: *um homem, o mais inteligente e trabalhador, jamais pode considerar que adquiriu só por seus esforços os bens que possui*. A sociedade, sob variadas formas, contribuiu para a formação dessa fortuna. *A sociedade é sócia em comandita natural de todo esforço ou trabalho humano. Logo, pois, quando essa associação se liquida pela morte do homem, a sociedade é dona da parte com que contribuiu para enriquecê-lo*. (*Conceito espírita do socialismo*, 2ª conferência.)

Léon Denis resume as principais vias práticas da economia socialista:

> Dentre os sistemas preconizados pelos socialistas para conduzir uma *organização prática do trabalho* e uma *sábia repartição dos bens materiais*, os mais conhecidos são a *cooperação*, a *associação operária*; há alguns que vão mesmo até o comunismo. (*Depois da morte*, cap. LV.)

E, tratando desse assunto, o filósofo propõe a aplicação do *princípio da cooperação* à práxis socioeconômica, pelas *associações cooperativas*, fazendo ver seus benefícios e sua predominância no futuro da Terra:

> A *associação cooperativa* vem resolver o problema e *aí está o grande segredo do futuro*, pois *só o princípio de associação transformará o mundo*. É um dos fatos mais notáveis de nossa época essa tendência, sempre crescente, de *substituir o esforço isolado pelo esforço coletivo*. As forças se agrupam, ... a sociedade vê aumentar seu poder e seu bem-estar, avançando com o passo mais rápido para uma *distribuição equitativa dos recursos após o trabalho de cada um*. Se considerarmos o que já produziu o princípio de associação nas *inumeráveis instituições de previdência e mutualidade* – seguros de vida, câmaras sindicais e bancos populares, ... sociedades cooperativas de produção e de consumo –, *ficaremos admirados com o desenvolvimento*

> *colossal dessa ideia*. O que ela criou é ainda pouca coisa em comparação com *o que ela pode realizar no futuro*. (Léon Denis, *O progresso*, cap. IV.)

Humberto Mariotti, eminente filósofo argentino espírita, já na década de 1960, avança sobre isso:

> O *sistema de propriedade privada* representa um estado social condizente com o *passado da humanidade, na fase em que o homem ainda ignorava* a realidade de seu crescimento espiritual, em consequência de sua evolução palingenésica. Esta lei, eminentemente progressista e criadora, *transformará e renovará os sistemas sociais*, ao revolucionar as condições íntimas dos espíritos. Por isso dizemos que *a nova revolução socialista se realizará, ao mesmo tempo, externa e internamente*. É assim que surgirá um *tipo de sociedade* em que as normas morais serão *protetoras* e *condenarão toda forma de privilégio social*. ... O socialismo é o resultado de uma avançada evolução mental e espiritual dos indivíduos que, *de um sistema social privado e egoísta, nos faz passar para outro, de tipo coletivo e fraternal*. Quer dizer que o socialismo não é a consequência de uma ditadura, o que seria encará-lo unicamente do ponto de vista político, esquecendo-nos de sua natureza ética, científica e filosófica. ... A evolução palingenésica do homem permite-nos supor que *a ordem social avança rumo a condições em que o socialismo se torna uma realidade fraterna, e em que a propriedade privada se torne realmente propriedade coletiva*. Essa a razão por que *o espiritismo não poderá justificar nem aceitar os tipos de economia social baseados no espírito de posse*. Quando a *riqueza econômica é de caráter privado*, é porque *está viciada pelo egoísmo* e pelo exclusivismo individualista. Basta encararmos bem o problema e veremos que o que se considera propriedade privada não tem realidade física nem espiritual. Comprovaríamos que *a vida humana passa inteligentemente do privado para o coletivo, isto é, do regime capitalista para o regime socialista*. As coisas físicas terão caráter privado enquanto o homem puser o seu espírito na dependência delas, procurando um meio de se firmar no mundo. Mas, quando reconhecer que sua estada na Terra depende mais dos valores morais e espirituais que das coisas físicas, então *o homem socializará a ordem econômica e repelirá o sistema de propriedade capitalista*.

> Reconhecerá, assim, que *unicamente a propriedade coletiva poderá beneficiá-lo, libertando-o do egoísmo e da usura individualista*. De acordo com a filosofia espírita, a evolução espiritual, pura e real, realiza-se sem ligação alguma com os instrumentos terrestres. *O espírito trabalhará por meio deles, mas seu único dono será a sociedade*, pois bastaria aparecer o menor desejo de posse sobre as coisas para que o normal desenvolvimento de sua evolução se perturbasse. O espírito compreenderá que a propriedade, por pequena que seja, tem sua origem na pequenez moral do indivíduo. Saberá ainda que *um Ser superior pensará sempre no todo e nunca na parte*. Chegará a compreender que a propriedade privada se relaciona com o pequeno e se circunscreve ao mundo, enquanto *a propriedade coletiva se vincula no grande e extenso, bem como na concepção cósmica da filosofia espírita*. O *capitalismo, por seu egoísmo moral*, crê que este mundo é o único a dominar o universo. Ao contrário, o socialismo, espiritualizado pelo ideal espírita, apresentará ao espírito milhões de planetas girando pelo espaço. Porque o privado é próprio dos sistemas individualistas, enquanto *o coletivo se liga facilmente à realidade, que nos apresenta a pluralidade dos mundos habitados e a doutrina das vidas sucessivas*. Acreditamos que a transformação social resulta iniludível frente à teoria da evolução espiritual; em consequência, *ou o espírita se converte em socialista no plano econômico, social e político, ou será um opositor da linha ascendente da evolução geral da humanidade*. Se ficar ao lado do progresso, auxiliará o espírito do futuro nas transformações que este vai realizando. A verdade é que *o evolucionismo espírita não poderá submeter-se a nenhuma concepção conservadora* ou misoneísta, já que para ele tudo avança, muda e se aperfeiçoa incessantemente. O próprio homem é um Ser que evolui sem parar, tanto na vida presente como através das múltiplas existências que terá de viver. (Humberto Mariotti, *O homem e a sociedade numa nova civilização*, cap. XVI.)

Diante dessas ideias e atitudes espíritas, resume o grande filósofo espírita brasileiro J. Herculano Pires:

> Teria [o Reino] de ser um *movimento socializante, contrário ao individualismo capitalista*. E poderia começar pelo estabelecimento de um *sistema cooperativista* de natureza cristã, cujas unidades seriam as pedras

fundamentais da *nova ordem econômica*. (*O sentido da vida*, cap. "Sociologia espírita", p. 80.)

ND8:

> [*O orgulho e o egoísmo*] *serão* sempre aí os vermes *roedores de todas as instituições progressivas*; *enquanto eles reinarem, os sistemas sociais mais generosos*, os mais sabiamente combinados, *desmoronarão sob seus golpes*. (Allan Kardec, *Obras Póstumas*, pt. I, "O egoísmo e o orgulho", § 4.)

ND9 – Como se viu (em ND3), a condição social presente, em meio ao capitalismo, é essencialmente má, porque suas raízes se fincam no orgulho e no egoísmo humano. Mas a mudança social também está no poder do livre arbítrio humano:

> *São os homens que fazem os costumes sociais e não Deus*; se *se submetem a eles, é porque isso lhes convém*, e o fazem por um ato de *seu livre-arbítrio*. (Allan Kardec, *O Livro dos Espíritos*, nº 863.)

O Espiritismo, por seu ensinamento, promove profunda mudança sobre as escolhas humanas, tanto individuais quanto coletivas, que nos levarão a *transformar a sociedade* no sentido de aproximar cada vez mais as leis e a organização social do ideal indicado pelas leis divinas:

> *O Espiritismo*, por sua poderosa revelação, vem, portanto, *apressar a reforma social*. (Allan Kardec, *Viagem espírita em 1862*, "Discursos", III, § 14.)

> *O Espiritismo é chamado a desempenhar um papel imenso sobre a Terra; é ele que reformará a legislação*, tão frequentemente contrária às leis divinas. (Allan Kardec, *Obras Póstumas*, pt. II, "Futuro do Espiritismo".)

> Dia virá em que *o espiritismo deverá exercer uma imensa influência sobre a estrutura social*. (Allan Kardec, *Revista Espírita*, out. 1860, "Banquete oferecido pelos espíritas lioneses".)

> *As consequências dessa revolução* [operada pelo Espiritismo] são fáceis de prever; ela *deve trazer para as relações sociais inevitáveis modificações*, às quais não está no poder de ninguém se opor, porque estão nos desígnios de Deus, e *porque ressaltam da lei do pro-*

gresso, que é uma lei de Deus. (Allan Kardec, *O Evangelho segundo o Espiritismo*, cap. I, nº 8.)

Isso não é surpresa para uma doutrina essencialmente cristã, lembrando que, segundo Cosme Mariño, destacado pioneiro espírita argentino:

> *Jesus é o maior revolucionário social* dos que teve a humanidade e é o *verdadeiro fundador do socialismo*. (*Conceito espírita do socialismo*, 1ª conferência.)

Por um lado, como se viu (na fala de J. W. Monroe, em ND5), o Espiritismo dispensou a mensagem "*explicitamente*" revolucionária do socialismo romântico; por outro, entretanto, *implicitamente* a mantém. Ele aborda as revoluções, explica suas causas, considera seus efeitos e, ao fazê-lo, não as abomina; antes, as compreende. Faz mais: justifica-as, interpretando-as como manifestação de lei natural ou divina, como ação da Providência e do progresso geral. Assim, a necessidade de *ruptura* com o passado, que se concretiza historicamente nas convulsões ou *revoluções sociais, trará benefícios desejados pela Providência, os quais serão percebidos por quem souber olhar além do seu próprio umbigo*. Vejamos os textos das obras de Kardec sobre o assunto:

> As revoluções morais, como as *revoluções sociais*, infiltram-se pouco a pouco nas ideias; elas germinam durante séculos, depois, *de repente, irrompem e fazem desmoronar o edifício carcomido do passado, que não está mais em harmonia* com as necessidades novas e as aspirações novas. ... O homem não percebe, frequentemente, nessas comoções, senão a desordem e a confusão momentâneas que o atingem em seus interesses materiais; *aquele que eleva seu pensamento acima da personalidade* admira os *desígnios da Providência* que do mal *faz sair o bem*. É a tempestade e a tormenta que *saneiam a atmosfera após tê-la convulsionado*. (Allan Kardec, *O Livro dos Espíritos*, nº 783, nota.)

Nas revoluções, para além das confusões imediatas[15],

[15] Além da preocupação com os *excessos temporários* que possam ser cometidos numa revolução, é preciso ter em mente a *opressão e a violência sistemáticas reproduzidas cotidianamente* no reino do orgulho e do egoísmo, isto é, no capitalismo (vistos em ND3). Pesando, de um lado, os *males sistemáticos, cotidianos, atuais* e, de outro, os *males temporários de uma convulsão*, ensina a doutrina a observarmos o bem maior resultante, isto é, aquele que traz, no fim, uma organização social que beneficie a todos. Assim se vê que por que a doutrina ensina que as convulsões têm sua razão de ser.

devemos visar o bom resultado geral; assim como, numa forte tempestade, mais do que apenas as árvores quebradas, devemos ver o saneamento do ambiente resultante.

> Uma *necessidade de mudança* se traduz por uma surda agitação, depois, por *atos que preparam as revoluções sociais*, às quais, crede-o bem, *têm também a sua periodicidade*, como as revoluções físicas, *porque tudo se encadeia*. (Allan Kardec, *A Gênese*, 5.ed., cap. XVIII, nº 8.)

> A *luta* se empenha entre os que querem se apoderar e os que querem reter; daí um *conflito que se prolonga frequentemente durante* séculos. Um *equilíbrio factício* se estabelece, enfim; *há o melhor*; mas sente-se que as bases sociais não estão sólidas; *o solo treme* a cada instante sob os passos, pois não é ainda o reino da liberdade e da igualdade sob a égide da fraternidade. (Allan Kardec, *Obras Póstumas*, "Liberdade, igualdade, fraternidade", § 8.)

A luta é presente, o conflito entre os que querem reter e os que querem tomar (luta de classes) perdura através dos séculos. Havendo uma melhoria, mas insuficiente, novos abalos surgirão, até que o Reino do bem se implante na Terra (o tema do Reino será mais detidamente tratado em ND12).

> Quando *essas leis* [*humanas más*] se tornam incompatíveis [com o progresso], *ele* [*o homem*] *as quebra com todos aqueles que tentam mantê-las*, e será assim *até que o homem tenha posto suas leis em relação com a justiça divina, que quer o bem para todos*, e *não leis feitas pelo forte em prejuízo do fraco*. (Allan Kardec, *O Livro dos Espíritos*, nº 781, § 2.)

> *Destruí nas leis, nas instituições, nas religiões, na educação, até os últimos vestígios dos tempos de barbárie e de privilégios, e todas as causas que entretêm e desenvolvem esses eternos obstáculos ao verdadeiro progresso*, que se sugam, por assim dizer, com o leite e que se aspiram por todos os poros na atmosfera social; *então somente os homens compreenderão os deveres e os benefícios da fraternidade*; então também estabelecerão para si mesmos, sem abalo e perigo, os princípios complementares de igualdade e de liberdade. (Allan Kardec, Obras Póstumas, "Liberdade, igualdade, fraternidade", § 9.)

O verbo imperativo (no francês: *détruisez*, "destruí") é conclamação, visando substituir o velho mundo por *nova organização social, que não mais vicie os homens* desde que nascem neste mundo, como tem sempre ocorrido.

> Os governos, minados por princípios egoístas, pensam em se escorar contra *a onda que sobe*, e essa onda é *a consciência humana que se insurge*, enfim, após séculos de atentado, *contra a minoria que explora as forças vivas das nacionalidades*. (Allan Kardec, *Obras Póstumas*, "Precursores da tempestade", § 5.)

Trazemos, ainda, este magnífico ensinamento doutrinário de Allan Kardec sobre a iminência das *convulsões sociais* (geralmente descritas, na doutrina, como "*tempestades*") para a regeneração da humanidade, a partir de um poema de Lamartine sobre uma *crise comercial* daquela época:

> "*Nas oscilações do céu e do navio,*
> *Nas gigantescas ondas que rolam sobre nossas cabeças,*
> *Sente-se que o homem também dobra um Cabo das Tormentas,*
> *E passa, sob o relâmpago e sob a obscuridade,*
> *O trópico tempestuoso de uma outra humanidade!*"
>
> O *Siècle*, de 20 de maio último, citava esses versos a propósito de um artigo *sobre a crise comercial*. "*O que eles têm de espírita? dir-se-á; não se trata nem de almas, nem de Espíritos.*" Poder-se-ia, com mais razão, perguntar que relação eles têm com o fundo do artigo no qual estavam enquadrados, tratando da taxa de mercadorias. *Eles tocam bem mais diretamente ao Espiritismo, pois é, sob uma outra forma, o pensamento expresso pelos Espíritos sobre o porvir que se prepara*; é, numa linguagem ao mesmo tempo sublime e concisa, *o anúncio de convulsões que a humanidade terá de sofrer para sua regeneração, e que os Espíritos nos fazem, de todos lados, pressentir como iminentes*. Tudo se resume neste pensamento profundo: *uma outra humanidade,* imagem da humanidade transformada, *do mundo moral novo substituindo o velho mundo que se desmorona. Os preliminares desse remanejamento já se fazem sentir*, é por isso que os Espíritos nos repetem, em todos os tons, que os tempos são chegados. O Sr. Lamartine fez aí uma verdadeira profecia *da qual começamos a ver a realização*. (*Revista Espírita,*

jan. 1869, "O Espiritismo por toda parte – Lamartine".)

Sobre o assunto das mudanças sociais, resume magistralmente Maurice Lachâtre:

> *As revoluções continuarão a ocorrer* entre os povos até o dia em que os governos criarem *leis em consonância com a justiça natural, que quer o bem para todos*, e não leis feitas pelos fortes em detrimento dos mais fracos. Os maiores obstáculos ao progresso são o *orgulho e o egoísmo das classes privilegiadas*, dos príncipes e governantes, nobres e sacerdotes, militares e burgueses. (*O Espiritismo, uma nova filosofia*, cap. 6, "Lei do progresso", p. 116.)

Allan Kardec nos ensina, ademais, a não proceder com incompreensão mesmo ante possíveis precipitações ou excessos ocorridos em movimentos de protesto e convulsões sociais. A indulgência deve ser usada também nesses casos. Os que os praticam, em geral, almejam, no fundo, alcançar a promessa do Cristo: "Honrados os que têm *fome e sede de justiça*" (Mateus 5:6), eles se baseiam num assim chamado "espírito de justiça", lutando contra *o mal e a opressão* que os cerca da maneira como o conseguem. Porém, *definindo cada vez melhor* os *fins* e os *meios*, esses movimentos do progresso chegarão ao objetivo ao qual o Espiritismo conduz: *o reino de justiça no mundo*, conforme lemos a seguir:

> As *convulsões sociais* são as revoltas dos Espíritos encarnados *contra o mal que os oprime*, o indício de suas *aspirações a esse mesmo reino da justiça da qual eles têm sede*, sem, todavia, dar-se uma conta bem nítida do que querem e dos meios de alcançá-lo; é por isso que se movimentam, agitam-se, derrubam a torto e a direito, criam sistemas, propõem remédios mais ou menos utópicos, cometem mesmo mil injustiças, pelo assim chamado *espírito de justiça*, *esperançando que desse movimento sairá talvez alguma coisa*. Mais tarde, *definirão* melhor suas aspirações, e *a rota se aclarará*. Qualquer um que vai ao fundo dos princípios do Espiritismo filosófico, que considera os horizontes que ele descobre, *as ideias que ele faz nascer* e os sentimentos que desenvolve, não poderia duvidar da *parte preponderante que ele deve ter na regeneração*, pois *ele conduz precisamente*, e pela força das coisas, ao objetivo ao qual aspira a humanidade: *o reino da justiça pela*

> *extinção dos abusos que dela detiveram o progresso*, e pela moralização das massas. ... Não é, portanto, ele [o Espiritismo] que fará as *instituições sociais do mundo regenerado*; são *os homens que as farão* sob o império das ideias de *justiça*, de *caridade*, de *fraternidade* e de *solidariedade melhor compreendidas* pelo efeito do Espiritismo. (Allan Kardec, *Obras Póstumas*, pt. I, "Questões e problemas: expiações coletivas", nota, § 9, 10, 12.)

Por isso a mensagem espírita, que é a de Jesus, é tão importante; é preciso assentar as mudanças na Terra sobre *bases seguras*: as leis naturais ou divinas, bem compreendidas:

> *Todas as instituições humanas, políticas, sociais* e *religiosas* que se apoiarem sobre as suas palavras [de Jesus] *serão estáveis* como a casa construída sobre a pedra; os homens as conservarão porque nelas encontrarão a sua felicidade; mas *aquelas que as violarem* serão como a casa construída sobre a areia: *o vento das revoluções e o rio do progresso as carregarão*. (Allan Kardec, *O Evangelho segundo o Espiritismo*, cap. XVIII, n° 9.)

Efetivamente, a passagem a esse estado melhor do mundo, das sociedades, anunciado e promovido pelos Espíritos superiores de todos os tempos e lugares, forçosamente trará "comoções", "perturbações temporárias", também designadas poeticamente como "tempestades", pois se trata de uma "*mudança radical*" a que ora se elabora no mundo. Podem-se, portanto, esperar movimentos mais bruscos, "agitações" na sociedade, como resultado mesmo do progresso, segundo ensina a doutrina:

> Esse duplo progresso [*físico* e moral] se realiza de duas maneiras: uma, lenta, gradual e insensível; a outra, *por mudanças mais bruscas, em cada um dos quais se opera um movimento ascensional mais rápido* que marca, por caracteres bem distintos, os períodos progressivos da humanidade. Esses movimentos, *subordinados nos detalhes ao livre arbítrio dos homens*, são, de alguma sorte, fatais em seu conjunto, porque estão submetidos a leis. ... Uma *nova ordem de coisas tende a se estabelecer*... De resto, *cada um sabe quanto a ordem de coisas atual deixa ainda a desejar*. ... Quanto mais se avança [no desenvolvimento moral], *mais se sente o que falta*, sem, entretanto, poder ainda defini-lo claramente:

> é o efeito do trabalho íntimo que se opera *para a regeneração*; têm-se desejos, aspirações que são como o pressentimento de *um estado melhor*. Mas *uma mudança tão radical quanto a que se elabora não pode se realizar sem comoção*; há luta inevitável entre as ideias. Desse conflito *nascerão forçosamente perturbações temporárias, até que o terreno esteja desobstruído e o equilíbrio, restabelecido*. É, portanto, da luta de ideias que *surgirão os graves acontecimentos anunciados*, e não de cataclismos, ou catástrofes puramente materiais. Os cataclismos gerais eram a consequência do estado de formação da Terra; *hoje não são mais as entranhas do globo que se agitam, são as da humanidade*. (Allan Kardec, *A Gênese*, cap. XVIII, nº 2, 6 e 7.)

ND10 – Em Allan Kardec, vemos a necessidade de uma forma de vida *social melhor*, que trará resultados econômicos *coletivos* bem diversos do panorama individualista atual:

> *Do vosso patrimônio, como do vosso trabalho, só uma coisa vos é permitido tirar em vosso proveito: o necessário; o resto volta aos pobres. Eis a lei*. Que essa lei comporte, em certos casos e em dadas circunstâncias, temperamentos, não o nego; mas, *diante da luz, diante da verdade, diante da justiça divina, ela não os comporta mais*. ... *Jamais lhes ensineis* [aos vossos filhos] *a viver egoisticamente e a olhar como deles o que é de todos*. ... É pela *partilha equitativa de vossos benefícios* que mostrareis vossa sabedoria, e é por essa partilha equitativa ainda que cumprireis a lei de Deus a respeito de vossos irmãos, que é a *lei da solidariedade*. (Allan Kardec, *Revista Espírita*, ago. 1865, "A chave do céu".)

> "Amemo-nos uns aos outros e façamos a outrem o que quereríamos que nos fosse feito." Toda a religião, toda a moral se encontram encerradas nesses dois preceitos; *se fossem seguidos neste mundo*, seríeis todos perfeitos; nada mais de ódio, de divergência; direi mais ainda, *nada mais de pobreza, porque, do supérfluo da mesa de cada rico, muitos pobres se alimentariam, e não veríeis mais*, nos sombrios bairros que habitei durante a minha última encarnação, *pobres mulheres* arrastando consigo *miseráveis crianças necessitadas de tudo*. (Allan Kardec, *Evangelho segundo o Espiritismo*, cap. XIII, nº 9.)

A *lei de amor* substitui a personalidade pela *fusão dos seres*; ela *aniquila as misérias sociais*. ... Compreendendo a lei de amor que *une todos os seres*, nela buscareis os suaves gozos da alma que são o prelúdio das alegrias celestes. ... Para praticar a lei de amor tal como Deus a entende, é preciso que chegueis por graus a *amar todos os vossos irmãos indistintamente*. A tarefa será longa e difícil, mas se cumprirá: Deus o quer, e a lei de amor é o primeiro e o mais importante preceito de vossa nova doutrina, porque é esta que deve um dia matar o egoísmo sob qualquer forma que ele se apresente; pois, além do egoísmo pessoal, *há ainda o egoísmo de família, de casta, de nacionalidade*. Jesus disse: "Amai vosso próximo como a vós mesmos". Ora, qual é o limite do próximo? É a família, a seita, a nação? *Não*, é a *humanidade toda inteira*. Nos mundos superiores, é o *amor mútuo* que harmoniza e dirige os Espíritos avançados que os habitam, e *vosso planeta* destinado a um progresso próximo, *por sua transformação social, verá praticar por seus habitantes essa sublime lei*, reflexo da Divindade. Os efeitos da lei de amor são a *melhoria moral da raça humana* e a *felicidade durante a vida terrestre*. ... Crede-me, fazei o sublime esforço que vos peço: "Amai-vos", e vereis logo *a Terra transformada e se tornar o Elíseo* onde *as almas dos justos virão degustar o repouso*. ... Vede com que rapidez as *ideias de justiça e de renovação encerradas nos ditados dos Espíritos* são aceitas pela média parte do mundo inteligente; é que *essas ideias respondem a tudo o que há de divino em vós. ... Os Espíritos encarnados*, julgando melhor, sentindo melhor, *estender-se-ão a mão* dos confins *de vosso planeta*; *reunir-se-ão* para se entenderem e se amarem, *para destruírem todas as injustiças*, todas as causas de desinteligências *entre os povos*. *Grande pensamento de renovação pelo espiritismo*, tão bem descrito nO *Livro dos Espíritos*, produzirás *o grande milagre do século por vir*, o da *reunião de todos os interesses materiais e espirituais dos homens*. (Allan Kardec, *Evangelho segundo o Espiritismo*, cap. XI, excertos dos n°s 8 a 13.)

ND11

O *verdadeiro bem-estar* consiste no *emprego de seu tempo à sua guisa*, e *não em trabalhos para os quais não se sente nenhum gosto*. (Allan Kardec, *O Livro dos Espíritos*, n° 812.)

Dessa forma, alcançado o ideal indicado, as pessoas não mais se verão *forçadas* a se submeterem a *qualquer* trabalho, penoso ou mesmo para os quais não têm afinidade, a fim de conseguirem *sobreviver*, como hoje acontece para muitos. *Cada qual poderá atuar naquilo para o que tem gosto, auxiliando a sociedade e sendo auxiliado por ela*, como diz Anna Blackwell.

ND12 – Allan Kardec e os Espíritos aplicam essa ideia da *busca do Reino* e sua implantação *aqui no mundo*:

> Iniciamo-nos nessas altas questões de moral e de filosofia, cuja solução deve *trazer o reino de Deus* e, por consequência, *a felicidade dos homens sobre esta Terra*. (Allan Kardec, *Revista Espírita*, out. 1861, "Banquete oferecido pelos espíritas lioneses".)
>
> Ora, meus filhos, sabei que se aproxima o tempo no qual começará *o reino da vontade de Deus sobre a Terra*. (Allan Kardec, *Revista Espírita*, mar. 1861, "Ensinamentos e dissertações espíritas".)

Embora se ouça quase exclusivamente que "a felicidade" ou o "Reino não é deste mundo", ele só não o é num sentido, mas, noutro sentido, *o Reino será, sim, deste mundo*. De fato, o *reino* se pode entender em dois sentidos: 1) o *reino no mundo espiritual*, onde ele já se realiza desde sempre e do qual faremos parte pelo adiantamento moral; 2) o *reino no mundo terreno do porvir*, após este ser regenerado, como se lê nas obras fundamentais da doutrina. No sentido 1, o reino não é deste mundo porque não é terreno; mas, no sentido 2, o reino não é deste mundo *apenas por enquanto*, porque *ainda* é mundo atrasado, "de provas e expiações", porém, uma vez que o *progresso é lei universal*, o mundo avançará inevitavelmente e se tornará, aqui mesmo, no porvir, um *mundo regenerado* que corresponderá ao "*reino de Deus na Terra*". Não se pense, entretanto, no "reino" terreno nos moldes do poderio material e até bélico, esperado por certos judeus ao tempo de Jesus; em vez disso, será, na Terra, o "reino" caracterizado pelo amor, pela viva espiritualidade, pela ajuda mútua, pela cooperação, pelo bem-estar partilhado por todos, pela paz, a previdência e a seguridade, enfim, pela derrota do individualismo, do ódio, da violência, do orgulho, da opressão e da exploração do homem pelo homem. Esse reino de *felicidade*, portanto, *não é ainda* deste mundo, mas *o será um dia*; e, enquanto o Reino não se implanta na Terra, os bons que nele sofrem agora o esperam no céu, cientes de que um dia ele estará também por aqui. Assim ensina a doutrina presente nas obras de Allan Kardec:

> A felicidade não é *ainda* deste mundo. (Allan Kardec, *Evangelho segundo o Espiritismo*, cap. VII, nº 11.)

> Os mundos também estão sujeitos à lei do progresso. ... E *a própria Terra* sofrerá transformação semelhante. *Ela se tornará um paraíso terrestre* quando *os homens tiverem se tornado bons*. (Allan Kardec, *O Livro dos Espíritos*, nº 185.)
>
> *O reino do constrangimento e da opressão acabou*; *começa o da razão, da liberdade, do amor fraterno*. Não é mais pelo medo e pela força que *os poderes da Terra* adquirirão, de agora em diante, o direito de dirigir os interesses morais, espirituais *e físicos dos povos*, mas pelo *amor à liberdade*. (Allan Kardec, *Revista Espírita*, abr. 1862, "Ditados espontâneos e dissertações espíritas".)
>
> De mundo de expiação, *a Terra está chamada a se tornar um dia um mundo feliz*, e *nela habitar* será uma recompensa, em vez de ser uma punição. O *reino* do bem *nela* deve suceder o do mal. (Allan Kardec, *Revista Espírita*, out. 1866, "Instruções dos Espíritos sobre a regeneração da humanidade".)
>
> É *o reino da caridade*, sob a divisa: "Um por todos e todos por um". ... Tais, em resumo, os *resultados da revelação nova* ... Não só, entretanto, à vida futura dizem respeito os frutos que o homem deve colher dela. Ele os saboreará *na Terra*, pela *transformação que estas novas crenças hão de necessariamente operar* no seu caráter, nos seus gostos, nas suas tendências e, por conseguinte, nos hábitos e *nas relações sociais*. Pondo fim ao *reino* do egoísmo, do orgulho e da incredulidade, elas *preparam o do bem, que é o reino de Deus*, anunciado pelo Cristo. (Allan Kardec, *A Gênese*, cap. I, nº 62.)

Muitíssimas outras passagens podem ser encontradas nas obras de Allan Kardec sobre a realização humana do *Reino na Terra regenerada*, não sendo o objetivo citarmos todas aqui. Avancemos no tema. O Reino de Deus ou de Jesus, implica em certo tipo de "realeza" que estes terão sobre a

Terra. Como entendê-la conforme a doutrina espírita, sem confusões?

A "realeza de Jesus" consiste em seguirmos seus ensinamentos onde estivermos; de modo que se pode falar no "reino de Jesus" na Terra quando os homens nela *regerem-se por suas leis*. Assim, explica Allan Kardec:

> O reino de Jesus não é deste mundo, é o que cada um compreende; *mas, sobre a Terra*, não tem ele *também uma realeza?* O *título de rei* não implica sempre o exercício do poder temporal; ele é dado por um consentimento unânime àquele que seu gênio põe no primeiro posto numa ordem de ideias quaisquer, *que domina seu século e influi sobre o progresso da humanidade*. (Allan Kardec, *Evangelho segundo o Espiritismo*, cap. II, nº 4.)

Portanto, a humanidade, quando seguir a lei de Jesus, poderá ser considerada como "regida" por Jesus, no sentido moral e social; daí podermos considerar a humanidade regenerada como o "reino de Jesus", ou, por extensão, devido a ele ter trazido a nós a vontade de Deus, o "reino de Deus".

Temos, a seguir, em Kardec, o significado equivocado da realeza terrena de Jesus, seguido da forma *correta* de interpretá-la, no porvir da Terra:

> Os judeus, que esperavam no Messias um rei da Terra, poderoso entre todos os reis, para pôr sua nação no primeiro posto e reerguer o trono de Davi e de Salomão, não quiseram reconhecê-lo no humilde filho do carpinteiro [Jesus], sem autoridade material. Entretanto, esse *pobre proletário* da Judeia *se tornou o maior entre os grandes*; ele *conquistou para a sua soberania maior número de reinos que os mais poderosos potentados*; só com a sua palavra e alguns miseráveis pescadores, *ele revolucionou o mundo*, e é a ele que os judeus deverão sua reabilitação. *Estava, portanto, com a verdade*, quando, a esta questão de Pilatos: "*Tu és rei?*", *ele respondeu*: "*Tu o dizes*". (Allan Kardec, *A Gênese*, cap. XVII, nº 54.)
>
> Há [a predição de Jesus] da difusão, *por toda a Terra*, do Evangelho restaurado na sua pureza primitiva; depois, a do *reino do bem*, que será *o da paz e da fraternidade* universais, a derivar do código de moral evangélica, *posto em prática por todos os povos*. Será, verdadeiramente, *o reino de Jesus*, pois que ele presidi-

rá à sua *implantação*, passando *os homens a viver* sob a égide da *sua lei. Será o reino da felicidade*, porquanto diz ele que, "depois dos dias de aflição, virão os de alegria". (Allan Kardec, *A Gênese*, cap. XVII, nº 56.)

> Os tempos estão próximos, digo-o ainda, em que *a grande fraternidade reinará sobre este globo*; *a lei do Cristo é a que regerá os homens*: só esta será o freio e a esperança, e conduzirá as almas às moradas felizes. *Amai-vos*, portanto, como filhos do mesmo pai; *não façais diferença entre os outros infelizes*, pois é Deus que quer que todos sejam iguais; não menosprezeis, portanto, a ninguém. (Allan Kardec, *Evangelho segundo o Espiritismo*, cap. XI, nº 14.)

Em conclusão, uma vez a lei do Cristo regendo as sociedades humanas, teremos o "reino" de Jesus, o reino de Deus na Terra.

É ainda o que muito bem entendeu J. Herculano Pires:

> Como pode um *Carpinteiro fundar um Reino*? Pois *o Jovem Carpinteiro de Nazaré o fundou* sem a menor dificuldade. ... O que *valeu foi a proclamação do Reino*, feita com tranquila *firmeza* e repudiada com estúpida violência. Daquele momento em diante, *o Reino do Carpinteiro* estava *implantado na Terra*." (*O Reino*, cap. 2.)

Falta, desde então, vivenciarmos o código da sociedade desse reino, isto é, metaforicamente, "entronizarmos" ou "coroarmos" Jesus como o regente da humanidade, praticando sua lei.

Esse eminente filósofo ainda resumiu o funcionamento social do Reino na visão espírita, vinculando-o às mensagens autênticas do Velho e do Novo Testamentos:

> "Bem-aventurados os mansos e pacíficos, porque eles herdarão a Terra." *O Jovem carpinteiro não promete o Céu, mas a Terra. Porque o Reino foi implantado na Terra e deve crescer sobre ela. É o próprio Céu que baixa à Terra.* Mas, para que os homens se tornem dignos do Céu, é necessário que *os cativos sejam libertos*, que *os cegos tenham a vista restaurada*, que *os oprimidos recuperem a liberdade* e que o "Ano Agradável ao Senhor" seja estabelecido. Vejo Israel nesse Ano de *Amor e Justiça*. Todos se reúnem para a *redistribuição das terras*. O Amor do Reino inunda os corações, ainda não viciados pelo amor das comodidades materiais. Os

> homens compreendem que *são todos irmãos* e que o Senhor só ficará contente quando *todos seus filhos partilharem dos bens naturais. Nenhum pretende conservar em suas mãos mais do que o necessário*. A Terra em Israel é pouca, mas boa. *Deve ser distribuída de tal maneira que não falte a ninguém o seu meio de vida*. (J. Herculano Pires, *O Reino*, cap. 2.)

Efetivamente, como frisou anteriormente Anna Blackwell: na própria oração do "Pai nosso", Jesus ensina a pedir, com toda força, o estabelecimento do reino de Deus neste mundo: "Pai nosso que estás nos céus, santificado seja teu nome. *Venha a nós o teu reino*. Seja feita a tua vontade, assim *na Terra* como no céu. O *pão nosso de cada dia* dá-*nos* hoje, etc." De fato, cada vez que oramos o Pai Nosso, solicitamos, a vinda do Reino à Terra e a posse do necessário para todos "nós" (não para "mim").

Allan Kardec parafraseia essa parte da oração, explicando-a:

> Senhor, deste *aos homens leis* cheias de sabedoria e que fariam *sua felicidade se as observassem*. Com essas leis, *eles fariam reinar entre si a paz e a justiça*; eles *se entreajudariam mutuamente*, em lugar de se prejudicarem como o fazem; *o forte sustentaria o fraco em lugar de esmagá-lo*; eles evitariam os males que engendram os abusos e os excessos de todos os gêneros. *Todas as misérias daqui embaixo vêm da violação de tuas leis*, pois não há uma só infração que não tenha suas consequências fatais. ... Dia virá em que, *segundo tua promessa, todos as praticarão*; então a incredulidade terá desaparecido; todos *te reconhecerão pelo soberano Senhor* de todas as coisas, *e o reino de tuas leis será teu reino sobre a Terra*. Digna-te, Senhor, *apressar seu advento*, dando aos homens a luz necessária para conduzi-los sobre o caminho da verdade. ... O homem se lhes submeterá [às tuas leis] quando compreender que és a fonte de toda sabedoria e que, sem ti, ele não pode nada; então *ele fará tua vontade sobre a Terra*, como os eleitos no céu. (Allan Kardec, *Evangelho segundo o Espiritismo*, cap. XXVIII, nº 3, itens II e III.)

No entanto, não nos enganemos: Não será por obra de um milagre divino que o reino se fará entre nós; *cabe ao próprio homem buscar e fazer implantar esse reino aqui*, para usufruir seus benefícios, como se lê em Allan Kardec:

> Ó homens! Refleti que *depende de vós apressar o reino de Deus sobre a Terra ou afastá-lo*; que sois responsáveis uns pelos outros; que, melhorando-vos, trabalhais para a *regeneração da humanidade*; a tarefa é grande; *a responsabilidade pesa sobre cada um, e ninguém pode se recusar*. (Allan Kardec, *Revista Espírita*, dez. 1859, "Comunicações externas".)

> Também com eles [os Espíritos] aprendemos que, se ouvirmos seus conselhos e se praticarmos a sua moral sublime, seremos *nós mesmos que construiremos o reino de felicidade que Deus nos prometeu* por intermédio de seu filho. (Allan Kardec, *Revista Espírita*, out. 1861, "Banquete oferecido pelos espíritas lioneses".)

> *Trabalhai, pois, sem cessar, conforme vossas forças*, meus bons irmãos, para vos melhorardes e serdes úteis aos vossos semelhantes; não só fareis a doutrina, que é vossa alegria, dar um passo, mas *tereis contribuído poderosamente para o progresso do vosso planeta*; a exemplo do *grande legislador cristão*, sereis homens, homens de amor, e *concorrereis para implantar o reino de Deus sobre a Terra*. (Allan Kardec, *Revista Espírita*, mai. 1867, "A vida espiritual".)

> Só o amor, quando *tiverdes assegurado o seu triunfo sobre a Terra*, fará *vir a vós o reino de Deus* prometido pelos apóstolos. (Allan Kardec, *Revista Espírita*, mar. 1861, "Ensinamentos e dissertações espíritas".)

> As classes a que chamais sofredoras são mais numerosas por ser a Terra lugar de expiação. Quando *a houver transformado* em morada do bem e de Espíritos bons, *o homem* deixará de ser infeliz aí, e *ela lhe será o paraíso terrestre*. (Allan Kardec, *O Livro dos Espíritos*, n° 931.)

O eminente filósofo J. Herculano Pires explicita o mesmo ensino:

> Também *se enganam os que pensam que o Reino é apenas subjetivo ou pertence ao Outro Mundo. O Reino foi implantado na Terra* e está crescendo *entre os homens*. Seu crescimento é lento como das plantações. E está sujeito às variações do meio, aos efeitos dos transtornos atmosféricos e ao crescimento das plantas daninhas. *Requer, por isso, a atenção* e o *cuidado* dos que desejam vê-lo *dominando a Terra* em sua plenitude. *Somos nós, os homens, que temos de trabalhar para que o Reino venha a nós*. (*O Reino*, "Aviso ao leitor".)

Lembrando o que explicamos na nota ND4, a ideia de Reino apenas "dentro de nós", isto é, subjetivo, ou pertencente apenas ao "Outro mundo", é um frequente engano. O Reino vem mesmo para a Terra, conforme ensinam a codificação e seus intérpretes mais autênticos.

Por fim, cabe observarmos o lamento dos bons Espíritos pela demora em estabelecermos esse reino entre nós, ouvindo a exortação para o fazermos:

> O *reino do Cristo, ah!, após dezoito séculos, e malgrado o sangue de tantos mártires, não chegou ainda*. Cristãos, *voltai ao mestre que quer vos salvar*. Tudo é fácil àquele que crê e que ama; o amor o enche de uma alegria inefável. Sim, meus filhos, *o mundo está abalado*; os bons Espíritos vo-lo dizem bastante; *dobrai-vos sob o sopro antecursor da tempestade, a fim de não serdes derrubados*. (Allan Kardec, *Evangelho segundo o Espiritismo*, cap. I, n° 7.)

Façamos nossa parte em coletividade organizada! Espíritas, cristãos, operários, coletivistas, progressistas, democratas, socialistas, comunistas, uni-vos! Levantai-vos, não é hora de repouso! Capitalistas, egoístas, opressores, açambarcadores, especuladores, conservadores, ditadores, convertei-vos e purificai-vos! Os tempos são chegados; as entranhas da humanidade se agitam, a tempestade social renovadora se avizinha! Da oração, o homem passará à ação para a vinda do Reino, a benefício de todos que aqui se encarnem!

ND13

> Quando [o homem] tiver a soma de gozos que pode dar o progresso intelectual, ele perceberá que não tem a felicidade completa; reconhecerá que *essa felicidade é impossível sem a segurança* [*securité*, como em outras passagens, também no sentido de "*seguridade*"] *das relações sociais*; e essa segurança, ele não pode encontrá-la senão no progresso moral; portanto, pela força das coisas, ele próprio *impelirá o progresso para essa via*, e o *Espiritismo lhe oferecerá a mais poderosa alavanca para atingir esse objetivo*. (Allan Kardec, *O Livro dos Espíritos*, conclusão, n° IV.)

Nessa passagem se pode observar ainda o sentido de "progresso" adotado pela doutrina: busca da *felicidade na segurança das relações sociais*, isto é, segurança ou seguridade social, alimentar, física, moral, psíquica, existencial, enfim, de todos os aspectos que constituem a vida humana em coletividade. Expõe-se aí o sentido de "progresso" social em Espiritismo.

Allan Kardec faz, na passagem seguinte, uma fundamental reflexão no campo da Economia Política, demonstrando que, *apenas com base nas leis de mercado e forçando o homem a trabalhar, sem uma seguridade social, jamais se conseguirá lugar para todos e, portanto, não se atenderão a todas as necessidades humanas*:

> *Não é tudo dizer ao homem que ele deve trabalhar*, é preciso ainda que aquele que espera sua existência de seu labor encontre de que se ocupar, e é o que não tem sempre lugar. Quando a suspensão do trabalho se generaliza, ela toma as proporções de um *flagelo como a miséria*. A ciência econômica procura o remédio no equilíbrio entre a produção e o consumo; mas esse equilíbrio, *a supor que ele seja possível, terá sempre intermitências, e, durante esses intervalos, o trabalhador não deve, por isso, viver menos*. (Allan Kardec, *O Livro dos Espíritos*, nº 685, nota.)

Essa é uma preocupação legítima e sem vernizes com a condição econômica do trabalhador, trazida pela doutrina. E ela desvenda uma necessidade sempre *urgente* de resolução. O remédio que Kardec propõe, passando pela *educação*, é a *previdência*, não só pessoal, mas, ainda, *social*, de forma que todos tenham *assegurada* sua existência.

Tendo em vista o progresso, a "caridade" de que fala a doutrina é não somente um "sentimento emocional" (*intra*-pessoal), mas base da vida social de relações (*inter*-pessoal), com implementação mesmo institucional neste mundo.

A *caridade*, em cristianismo, além de estar em nós, *deve estar implantada no corpo social, nas instituições da sociedade* (como vimos em ND4 e ND5), defendendo os necessitados e sofredores, estabelecendo a justiça social. Ela é, portanto, *princípio fundamental de associação política*, como se compreende nesta explicação:

> A consciência histórica *da pobreza como realidade coletiva e conflitiva* faz surgir uma forma nova de realização do antigo e sempre novo amor aos pobres (*agape*). A *opção pelos pobres* indica a *dimensão social da "cari-*

> *dade"*, ou seja, o *caráter político do amor evangélico*. Trata-se do *aspecto estrutural, coletivo, transformador e libertador, e até revolucionário, do evangelho vivo*. A opção pelos pobres é a expressão moderna desta "*caridade"* que, ao assumir determinações históricas atuais da pobreza, *exige uma tomada de posição social*, de uma escolha histórica. Opção pelos pobres é, enfim, o novo *rosto do amor cristão*; amor síntese, que harmoniza e integra *coração* e *razão crítica*, mostrando em cada prática sinais de *um mundo alternativo, antecipações do reino de Deus*. (F. Compagnoni, *Dicionário de teologia moral*, verbete "opção pelos pobres", p. 886.)

No Espiritismo é a mesma coisa: *a caridade, efetivamente, deve constituir as bases sociais, institucionais, do novo mundo de justiça e fraternidade*:

> Com o egoísmo, os homens estão em luta perpétua; *com a caridade, estarão em paz. A caridade, fazendo a base de suas instituições*, pode, portanto, unicamente *assegurar* sua *felicidade neste mundo*. (Allan Kardec, *O Espiritismo em sua mais simples expressão*, "Máximas extraídas do ensinamento dos Espíritos", n° 60.)
>
> A *caridade* substituindo o egoísmo, *todas as instituições sociais serão fundadas sobre o princípio da solidariedade e da reciprocidade*; o forte *protegerá o fraco* em lugar *de explorá-lo*. (Allan Kardec, *Viagem espírita em 1862*, Discursos, n° III.)
>
> O forte deve trabalhar para o fraco; na falta de *família, a sociedade deve fazer as vezes desta. É a lei de caridade*. (Allan Kardec, *O Livro dos Espíritos*, n° 685a.)

A *sociedade* deve se tornar uma *grande família para todos*, tendo a *fraternidade* como meta, *suprindo a falta de forças, recursos e trabalho conforme a necessidade de cada um*: isto é a *realização social da lei de caridade*.

> *Todas as instituições humanas, políticas, sociais* e *religiosas* que se apoiarem sobre as suas palavras [de Jesus] *serão estáveis* como a casa construída sobre a pedra; os homens as conservarão porque *nelas encontrarão a sua felicidade*; mas aquelas que as violarem serão como a casa construída sobre a areia: *o vento das revoluções e o rio do progresso as carregarão*. (Allan Kardec, *O Evangelho segundo o Espiritismo*, cap. XVIII, n° 9.)

A caridade, *enquanto princípio de associação*, para além da beneficência paliativa, está em *prevenir* a miséria, *assegurando* a vida a todos, pois *esse "assegurar"* é dever, não de cada um, mas *da sociedade*, como se encontra nas obras de Allan Kardec:

> Numa sociedade baseada sobre a *lei de Deus* e a *justiça, deve-se prover a vida do fraco* sem humilhação para ele. *Ela [a sociedade] deve assegurar a existência* daqueles que não podem trabalhar, *sem deixar sua vida à mercê do acaso e da boa vontade*. (Allan Kardec, *O Livro dos Espíritos*, n° 888.)

Assim, a caridade entendida como meramente beneficente ("ficar à mercê da boa vontade"), a assistência filantrópica ou o serviço de promoção social são apenas *paliativos, curativos temporários, acessórios, que em nada mexem na estrutura falha e excludente atual*; são arremedos *daquilo que deve se configurar, um dia, como a regra, a estrutura mesma da nova organização social* baseada na lei do Cristo, socialista e, enfim, comunista.

> Numa *sociedade organizada* segundo a *lei do Cristo, ninguém deve morrer de fome*. – Com uma *organização social* sábia e previdente, *ao homem não pode faltar o necessário*, senão por sua falta; mas *suas faltas mesmas são frequentemente o resultado do meio* onde ele se encontra colocado. Quando o homem *praticar a lei de Deus, terá uma ordem social fundada sobre a justiça e a solidariedade*, e ele mesmo também será melhor. (Allan Kardec, *O Livro dos Espíritos*, n° 930.)

E ainda:

> A *beneficência* não é senão *um modo* de emprego da fortuna; ela alivia a miséria atual; ... mas *um dever igualmente imperioso*, igualmente meritório, consiste em *prevenir a miséria*. (Allan Kardec, *O Evangelho segundo o Espiritismo*, cap. XVI, n° 13.)

Conforme vimos em ND5, a caridade se aplica, nos mundos superiores (que a Terra será um dia, por nosso trabalho), em toda a sua extensão social, na forma de *comunidade* (*communauté*).

Com a verdadeira *cooperação*, a *sociedade previdente* realiza este objetivo, não havendo mais *acumulação egoística* da riqueza, e sim a criação de grandes fundos *coletivos*, abastecidos e usufruídos por toda a grande "colmeia humana" – a *sociedade ou a humanidade inteira* –, e *sem explorar ninguém*, mas por seu próprio trabalho, segundo lemos nas obras de Allan Kardec:

> O direito de viver dá ao homem o de *amontoar do que viver* para repousar quando não puder mais trabalhar? "Sim, mas ele *deve fazê-lo em família, como a abelha*, por um trabalho honesto, e *não amontoar como um egoísta.* Certos animais mesmos lhe dão o exemplo da *previdência*". (Allan Kardec, *O Livro dos Espíritos*, nº 881.)

Uma *sociedade que provê a todos, como a colmeia* – emblema da sociedade ou grande família humana – é o parâmetro da previdência ou seguridade social na doutrina. Nesse ideal, *amontoa-se em sociedade* (em "família" humana, coletivamente), para o bem comum, e *não se acumula individualmente*, de modo egoísta, como infelizmente ainda se faz na economia capitalista.

> Quereríeis [os poderosos], como egoístas, guardar só para vós tanta felicidade e alegria? Oh! Não, fostes escolhidos como depositários. *As riquezas que brilham aos vossos olhos não são para vós, mas pertencem a todos os vossos irmãos em geral. Deveis*, portanto, *aumentá-las e distribuí-las.* ... Oh! *Não reserveis só para vós* esses talos sobre os quais brotam sempre tão doces frutos! *Oferecei-os aos vossos irmãos, convidai-os a vir degustar*, sentir o perfume de vossas flores, a aprender a cultivar vosso campo; nós vos assistiremos, ... vinde, trabalharemos convosco, partilharemos vossa fadiga, *a fim de que vós também possais amontoar desses bens e deles fazer participar outros irmãos na necessidade. Deus nos dá, e nós, reconhecidos por seus dons, os multiplicamos o mais possível. Deus nos manda melhorar os outros e a nós mesmos*, cumpriremos nossas obrigações e santificaremos sua vontade sublime. Espíritas, é a vós que me dirijo. Preparamos vosso campo; agora *agi de maneira que todos os que tiverem necessidade possam dele gozar largamente*. Lembrai-vos de que todos os ódios, todos os rancores, todas as inimizades devem desaparecer diante de *vossos deveres*: *instruir* os ignorantes, *assistir os fracos*, ter *compaixão dos aflitos*, *sustentar os inocentes*, compadecer-se dos que estão no erro, perdoar os inimigos. *Todas essas virtudes devem crescer em abundância em vosso campo, e deveis implantá-las no de vossos irmãos. Recolhereis uma ampla messe* e sereis abençoa-

> dos por vosso Pai que está nos céus! ... A palavra de nosso Pai celeste desceu sobre vosso globo, *como no dia da criação*. Ele vos envia uma *nova luz*, luz cheia de esplendor e de verdade. (Allan Kardec, *Revista Espírita*, jun. 1866, "O trabalho".)

> Deus inspira frequentemente a inquietude do porvir aos homens *para impeli-los à previdência*; e vede como grandes são os meios para perfazer vossos temores semeados propositalmente, e que, o mais frequentemente, escondem pensamentos ávidos, *em vez de uma ideia de um sábio aprovisionamento inspirado por um sentimento de humanidade em proveito dos pequenos*. ... Então não vedes já ... uma fonte de certo bem-estar para *a classe mais laboriosa dos Estados*? Classe verdadeiramente interessante *que vós, os grandes, vós, os onipotentes desta Terra, considerais como pessoas exploráveis à vontade, criadas para vossas satisfações*? ... É um ensinamento que Deus quer dar a todos; é a previdência humana que ele quer estimular; é a *ordem infinita que reina na natureza*, é a *coragem contra os acontecimentos* que devem imitar, que devem suportar com resignação os homens. Quanto àqueles que, por cálculo, aproveitam-se dos desastres, crede-o, por isso serão punidos. *Deus quer que todos os seus seres vivam; o homem não deve jogar com a necessidade, nem traficar sobre o supérfluo*. (Allan Kardec, *Livro dos Médiuns*, pt. II, cap. XXXI, nº XXXIV. Comunicação apócrifa, cujo único problema fora a assinatura, e sobre a qual diz Kardec: "Há nela mesmo *ideias filosóficas profundas e conselhos muito sábios*", e São Luís afirma: "Essa comunicação, *por si mesma, é boa*".)

A crítica social presente aqui é ampla: trata dos abusos contra a classe trabalhadora, do comércio imoral de necessidades, da falta de planejamento econômico para seguridade geral, da exploração das carências etc. Um interessante texto doutrinário sobre questões sociais diversas, principalmente sobre a necessidade da estrutura social previdente.

> *Há açambarcadores* do pão de vida como os há, frequentemente, *para o pão material. Não vos enfileireis entre eles*; a árvore que produz bons frutos *deve distribuí-los para todos*. (Allan Kardec, *Evangelho segundo o Espiritismo*, cap. XXVIII, nº 16.)

> *Para todo mundo há lugar ao sol, mas é com a condição de aí ocupar o seu, e não o dos outros. A natureza não poderia ser responsável pelos vícios da organização social e pelas consequências da ambição e do amor-próprio.*" (Allan Kardec, *O Livro dos Espíritos*, n° 707, semelhantemente em n° 862.)

Infelizmente, na economia capitalista, o espaço se fecha para muitos, pela pressão em aumentar lucros, havendo redução de vagas de trabalho, de salário, aumento de jornada, etc. E, pela apropriação privada e pela extração da mais-valia, vê-se um (capitalista) tomar do outro (trabalhador), tirar do suor do outro, privar o outro e, no fim, tomar o "lugar ao sol" do outro. *Isso não é problema natural ou divino: é vício de organização social.* O *ideal* deve ser buscado para solucionar esse problema.

> Quando os homens tiverem se despojado do egoísmo que os domina, *viverão como irmãos*, não se fazendo mal, entreajudando-se reciprocamente, pelo sentimento mútuo da solidariedade. Então, *o forte será o apoio, e não o opressor do fraco*, e *não se verão mais homens a quem falta o necessário*, porque todos praticarão a *lei de justiça. É o reino do bem que os Espíritos estão encarregados de preparar*. (Allan Kardec, *O Livro dos Espíritos*, n° 916.)

> Mas, o que entende Jesus por estas palavras: "Bem-aventurados os que são brandos, *porque possuirão a terra*"? ... Por essas palavras, ele quer dizer que, *até este dia, os bens da Terra são açambarcados pelos violentos em prejuízo* dos que são brandos e pacíficos; que *a estes falta frequentemente o necessário*, enquanto que os outros têm o supérfluo; ele promete que *justiça lhes será feita sobre a Terra* como no céu, porque são chamados os filhos de Deus. *Quando a lei de amor e de caridade for a lei da humanidade*, não haverá mais egoísmo; o fraco e o pacífico *não serão mais explorados nem esmagados* pelo forte e o violento. *Tal será o estado da Terra* quando, *segundo a lei do progresso e a promessa de Jesus*, ela se tornar *um mundo feliz* pela expulsão dos maus. (Allan Kardec, *Evangelho segundo o Espiritismo*, cap. IX, n° 5.)

Assim, essa forma de *estruturação previdente da sociedade*, com o estabelecimento do que poderíamos pensar como abrangentes fundos comuns de distribuição ("*sábio aprovisionamento inspirado por um sentimento de humanidade em proveito dos pequenos*", com "*distribuição dos frutos para todos*", como na colmeia; sem "*jogar com as necessidades nem traficar com o supérfluo*"; distante do "açambarcamento", do antagonismo e do individualismo capitalista; noutras palavras: justiça social, uma economia que *elimine a exploração do trabalhador, da "classe laboriosa*", e seja baseada no *apoio mútuo*), encontra relação com a *proposta econômica da associação cooperativa*, mencionada na ND7, e, em estado mais avançado, com o princípio da "*comunidade*", em ND5.

ND14

> Se uma aplicação parcial e incompleta [*da lei de justiça, amor e caridade*] produz um bem real, que será, pois, quando [o homem] *fizer dela a base de todas suas instituições sociais!* (Allan Kardec, *O Livro dos Espíritos*, conclusão, IV.)
>
> As palavras de Jesus são eternas, porque são a verdade. Elas são não somente a salvaguarda da vida celeste, mas a *garantia da paz, da tranquilidade e da estabilidade nas coisas da vida terrestre*; por isso, *todas as instituições humanas, políticas, sociais* e *religiosas* que se apoiarem sobre as suas palavras *serão estáveis* como a casa construída sobre a pedra; os homens *as conservarão* porque *nelas encontrarão a sua felicidade*; mas aquelas que as violarem serão como a casa construída sobre a areia: *o vento das revoluções e o rio do progresso as carregarão*. (Allan Kardec, *O Evangelho segundo o Espiritismo*, cap. XVIII, nº 9.)

ND15 – Allan Kardec desenvolve esse pensamento:

> Entre os povos, *as causas de atração dos Espíritos* são os costumes, os hábitos, o caráter dominante, *as leis, sobretudo*, porque *o caráter de uma nação se reflete em suas leis*. Os homens que fazem *reinar a justiça entre si* combatem a influência dos maus Espíritos. Em toda parte *onde as leis consagram as coisas injustas, contrárias à humanidade*, os bons Espíritos estão em minoria, e a *massa dos maus, que afluem, entretêm a nação em suas ideias e paralisa as boas influências parciais* perdidas na multidão, *como uma espiga isolada no meio as sarças*. Estudando os costumes dos povos ou de toda reunião de homens, é fácil se fazer

> uma ideia da população oculta que se imiscui nos seus pensamentos e nas suas ações. (Allan Kardec, *O Livro dos Espíritos*, nº 521, nota.)

Cabe a nós mudar a "organização social", que inclui as leis e as instituições, fazendo do nosso mundo um lugar para onde os Espíritos melhores venham, ou permaneçam (se fizeram seu progresso aqui):

> Certamente que, *por uma sábia organização social*, podem-se aliviar bem os sofrimentos, *e é ao que é preciso visar*. ... Merecei *por vossas virtudes* que Deus só vos envie bons Espíritos, e, *de um inferno, vós fareis um paraíso terrestre*. (Allan Kardec, *Revista Espírita*, ago. 1861, Dissertações, "O pauperismo".)

ND16 – A doutrina ensina o movimento dialético de *influência do meio sobre o indivíduo e vice-versa*, conforme se lê em Allan Kardec:

> É a fricção que *o homem experimenta do egoísmo dos outros que o torna frequentemente egoísta*, porque sente a necessidade de se manter na defensiva. *Vendo que os outros pensam em si não nele*, é conduzido a se ocupar de si mais que dos outros. Que o *princípio da caridade e da fraternidade seja a base das instituições sociais, das relações legais de povo a povo e de homem a homem, e o homem pensará menos em sua pessoa* quando vir que outros nele pensaram; ele *sofrerá a influência moralizadora* do exemplo e do contato. Em presença desse *transbordamento de egoísmo*, é preciso uma verdadeira virtude para fazer abnegação de sua personalidade em proveito dos outros, que frequentemente não estão dispostas a fazê-lo. (Allan Kardec, *O Livro dos Espíritos*, nº 917.)

Nada mais certo, portanto: as *instituições*, as *relações legais*, numa palavra, o *meio social*, uma vez melhorado, terá influência moralizadora sobre os indivíduos, tornando-os, como efeito, também melhores. Eis aí, bem delineada, a necessidade da *melhoria social* para a melhoria do indivíduo.

> Que se procure, portanto, *em todas as partes da organização social*, desde a *família* até os *povos*, desde a *cabana* até o *palácio, todas as causas, todas as influências patentes ou escondidas, que excitam, entretêm e desenvolvem o sentimento do egoísmo*; uma vez as cau-

> sas conhecidas, o *remédio* se mostrará por si mesmo; não se tratará mais que de *combatê-las*, se não todas de uma vez, ao menos parcialmente e, pouco a pouco, o veneno será extirpado. A cura poderá ser longa, pois *as causas são numerosas*, mas *não é impossível*. (Allan Kardec, *O Livro dos Espíritos*, nº 917, nota.)
>
> [Os homens] não o poderiam [conseguir o bem-estar moral] nem com suas crenças, *nem com suas instituições antiquadas, restos de uma outra idade*, boas numa certa época, suficientes para um estado transitório, mas que, tendo dado o que comportavam, *seriam um ponto de parada hoje*. (Allan Kardec, *A Gênese*, cap. XVIII, nº 5.)
>
> *Não se pode negar a influência do meio e do exemplo sobre o desenvolvimento dos bons e dos maus instintos*, pois o *contágio moral* é tão manifesto quanto o contágio físico. Entretanto, essa influência não é exclusiva. (Allan Kardec, *Revista Espírita*, jun. 1866, "Estudos morais".)
>
> Não pode faltar ao homem o necessário, senão por sua falta; mas *suas faltas mesmas são frequentemente o resultado do meio em que ele se encontra colocado*. (Allan Kardec, *O Livro dos Espíritos*, nº 930.)
>
> Destruí *nas leis, nas instituições, nas religiões, na educação,* até os últimos vestígios dos tempos de barbárie e de privilégios, *e todas as causas que entretêm e desenvolvem* [o orgulho e o egoísmo,] esses eternos obstáculos ao verdadeiro progresso, *que se sugam, por assim dizer, com o leite e que se aspiram por todos os poros na atmosfera social*. (Allan Kardec, *Obras Póstumas*, pt. I, "Liberdade, igualdade, fraternidade", § 9.)

Ciente desse fato, constatado pela doutrina espírita, J. Herculano Pires explica que importa melhorarmos o meio, para este melhorar o homem que nele encarna. Diz ele que um ponto importante da tese do Reino é justamente o "da *modificação do meio*":

> Ao mesmo tempo em que acendemos a luz nas almas, *temos de fazê-la brilhar no meio social*. As almas iluminadas iluminam a sociedade, mas *a sociedade iluminada deve iluminar as almas. Não podemos nos esquecer dessa reciprocidade*. Num meio em que todos rastejam, escreveu Ingenieros, é difícil alguém andar em pé. *Temos de lutar para criar condições sociais adequadas ao*

> *aprimoramento do homem.* Mas é evidente que essas condições não podem seguir a prática da violência contra o próprio homem. (*O Reino*, cap. 8.)

As obras de Allan Kardec demonstram as mudanças advindas da *melhoria do meio*, culminando na regeneração da humanidade:

> Com uma *organização social sábia e previdente*, ao homem não pode faltar o necessário, senão por sua falta; mas *suas faltas mesmas são frequentemente o resultado do meio onde ele se encontra colocado.* Quando o homem praticar a lei de Deus, terá *uma ordem social* fundada sobre a justiça e a solidariedade, *e ele mesmo também será melhor.* (Allan Kardec, *O Livro dos Espíritos*, nº 930.)

> A *regeneração da humanidade* não tem, portanto, absolutamente necessidade da renovação integral dos Espíritos: basta uma modificação em suas disposições morais; essa modificação se opera em todos os que a isso estão predispostos, *quando são subtraídos à influência perniciosa do mundo.* Os que voltam então não são sempre outros Espíritos, mas *frequentemente os mesmos Espíritos* pensando e sentindo diversamente. (Allan Kardec, *Revista Espírita*, out. 1866, "Instruções dos Espíritos sobre a regeneração da humanidade".)

ND17

> Que os Espíritos da nova geração sejam novos Espíritos melhores, ou os antigos Espíritos melhorados, o resultado é o mesmo; desde o instante em que *trazem melhores disposições, é sempre uma renovação.* Os Espíritos encarnados formam, assim, duas categorias, segundo suas disposições naturais: de um lado, os Espíritos *retardatários que partem*, do outro, os Espíritos *progressivos que chegam. O estado dos costumes e da sociedade estará*, portanto, num povo, numa raça ou no mundo inteiro, *na razão daquela das duas categorias que tiver a preponderância.* (Allan Kardec, *A Gênese*, cap. XVIII, nº 30.)

> [*A nova geração*] não se comporá tão só de Espíritos eminentemente superiores, mas de Espíritos que, já tendo progredido, *estão predispostos a assimilar as ideias progressistas e aptos a secundar o movimento regenerador.* (*Idem*, nº 28".)

Esse processo regenerador começa, como dissemos na nota ND5, por pequenos focos que vão se proliferando e crescendo no mundo. *O esforço que fizermos para a transformação da Terra* se torna, assim, um *motivo de afastamento dos maus* Espíritos e um *atrativo a que melhores Espíritos se acheguem* ao nosso mundo (cf. Allan Kardec, *O Livro dos Espíritos*, nº 521, citada na ND15) e venham nele se encarnar, visto que, uma vez melhorada, a Terra se tornará para eles um "lugar de repouso". Então, sua presença representará um impulso no avanço cada vez mais rápido da regeneração, em virtude das qualidades que trazem para as *relações sociais*. Allan Kardec explica o processo neste artigo da *Revista Espírita* de julho de 1865, seção "Estudos morais" (tradução literal e grifos nossos):

> **A comuna de Kœnigsfeld, o mundo futuro em miniatura.** Lê-se no *Galneur de Colmar*:
>
> "A comuna de Kœnigsfeld, perto de Villingen, na Floresta Negra, que conta cerca de 400 habitantes, forma *um Estado modelo em pequena escala*. Há cinquenta anos, data da existência dessa comuna, jamais aconteceu que um só habitante lidasse com a polícia; não houve jamais questão de delitos ou de crimes; durante cinquenta anos, aí não foi feita nenhuma hasta pública e aí não nasceu filho ilegítimo. Jamais foi pleiteado processo nessa comuna. Aí não se encontram igualmente mendigos."
>
> Essa interessante notícia, tendo sido lida na Sociedade de Paris, deu lugar à comunicação espontânea seguinte:
>
> "É belo de ver a virtude num centro restrito e pobre; lá, todos se conhecem, todos se veem; a caridade aí é simples e grande. Não é o exemplo mais admirável da *solidariedade universal* essa pequena comuna? Não é em pequena escala o que *será um dia o resultado da verdadeira caridade quando ela for praticada por todos os homens*? *Tudo está lá*, Espíritas: a caridade, a tolerância. Entre vós, se não são *os socorros ao infortúnio* que são praticáveis, as *relações inteligentes*, isentas de inveja, de ciúme e de dureza, *o são sempre*. Lammenais (*Méd.* Sr. A. Didier.)"
>
> *O que é que causa a maior parte dos males da Terra, se não é o contato incessante dos homens maus e perversos?* O egoísmo mata a benevolência, a condescen-

dência, a indulgência, o devotamento, a afeição desinteressada, e todas as qualidades que fazem o encanto e *a segurança das relações sociais*. Numa *sociedade de egoístas*, não há segurança para ninguém, porque cada um, buscando apenas seu interesse, sacrifica sem escrúpulo o de seu vizinho. Muitas pessoas *se creem perfeitamente honestas porque são incapazes de assassinar e de roubar* nas ruas; *mas, será que aquele que, por sua cupidez e sua dureza, causa a ruína de um indivíduo e o impele ao suicídio, que reduz toda uma família à miséria, ao desespero, não é pior que um assassino e um ladrão? Ele assassina em fogo brando*, e *porque a lei não o condena, porque seus semelhantes aplaudem* seu saber-fazer e sua habilidade, *ele se crê isento de repreensões e anda de cabeça erguida!* Por isso os homens estão constantemente em desconfiança uns contra os outros; *sua vida é uma ansiedade perpétua*; se não temem nem o ferro, nem o veneno, ficam expostos às chicanas, à inveja, ao ciúme, à calúnia, numa palavra, *ao assassinato moral*. Que seria preciso *para fazer cessar esse estado de coisas*? Praticar a caridade; tudo está lá, como diz Lamennais.

A comuna de Kœnigsfeld nos oferece em pequena escala o que será o mundo quando for regenerado. O que é possível numa pequena escala o é na grande? Duvidar disso seria negar o *progresso*. Dia virá em que os homens, vencidos pelos males que engendra o egoísmo, compreenderão que *fazem falsa rota*, e *Deus quer que eles o aprendam* à sua custa, porque *lhes deu o livre-arbítrio*. O excesso do mal lhes fará sentir a necessidade do bem, e eles se voltarão para esse lado como à única âncora de salvação. Quem os levará a isso? A fé séria no porvir e não a crença no nada após a morte; a confiança num Deus bom e misericordioso, e não o temor dos suplícios eternos.

Tudo está submetido à lei do progresso; os mundos também progridem fisicamente e moralmente; mas, *se a transformação da humanidade deve esperar o resultado da melhoria individual, se nenhuma causa vem apressar essa transformação, quantos séculos, quantos milhares de anos não serão necessários ainda?* A Terra *tendo chegado a uma de suas fases progressivas*, basta que não seja mais permitido aos Espíritos atrasados nela se encarnarem, e que, na medida das extinções, Espíritos mais avançados venham tomar o lugar dos que partem, para que, em uma ou duas gerações, o caráter geral da humanidade seja mudado. Suponhamos, então, que, em lugar de Espíritos egoístas, a humanidade seja, num tempo dado, formada de Espíritos imbuídos de sentimentos de caridade, em lugar de procurarem se prejudicar, eles *se entreajudarão mutuamente*; viverão felizes e em paz. *Nada mais de ambição* de povo a povo, portanto, nada mais de guerras; *nada mais de soberanos governando segundo o bel-prazer*, a *justiça* em lugar do arbítrio, portanto, *nada mais de revoluções*; *nada mais de fortes esmagando ou explorando o fraco*, *equidade voluntária* em todas as transações, portanto, nada mais de querelas nem de chicanas. Tal será o estado do mundo após sua transformação. De um mundo de expiação e de prova, de um lugar de exílio para os Espíritos imperfeitos, ele *se tornará um mundo feliz*, um lugar de repouso para os bons Espíritos; de um mundo de punição, ele será um *mundo de recompensa*.

A comuna de Kœnigsfeld se compõe incontestavelmente de Espíritos avançados, ao menos moralmente, se não é cientificamente, e que *praticam entre si a lei de caridade e de amor ao próximo*; esses Espíritos se reúnem por simpatia sobre *esse canto abençoado da Terra* para aí viver em paz, esperando que possam *fazê-lo sobre toda a sua superfície*. Suponhamos que alguns Espíritos provocadores, egoístas e maus venham a nela se encarnar, semeariam logo a perturbação e a confusão; ver-se-iam reviver, como alhures, as querelas, os processos, os delitos e os crimes; assim se daria com a Terra *após sua transformação*, se Deus lhe abrisse o acesso aos maus Espíritos. *A Terra progredindo, nela eles estariam deslocados*, é por isso que irão expiar seu endurecimento e perfazer sua educação moral em mundos menos avançados.

Segundo ensaio premiado

por

G. F. Green

Se a influência de uma ideia sobre a humanidade estivesse sempre comensurada à sua importância e ao seu escopo intrínsecos — em outras palavras, se a colheita fosse sempre proporcional à qualidade da semente semeada —, nossa tarefa em traçar o efeito provável do espiritualismo no mundo seria mais fácil. Mas, assim como, no mundo material, a boa qualidade do solo e as condições favoráveis de calor, luz e umidade são tão essenciais quanto a boa semente; assim também, no mundo moral, a preparação das mentes dos homens e o favorecimento das influências exteriores são tão essenciais quanto a bondade intrínseca da ideia.

A ideia de uma vida futura esteve no mundo por séculos, mas a semente caiu, na maior parte, em "solo pedregoso"[16]. Onde ela tomou raiz, indubitavelmente, trouxe à vista alguns frutos; mas a extensão da colheita não pode ser avaliada pelos joios que não murcharam[17]. Como uma questão prática, portanto, nosso assunto exige, em primeiro lugar, uma consideração cuidadosa da condição presente da sociedade, e do seu estado de preparação para receber as verdades reveladas pelo espiritualismo; e, em segundo lugar, da influência adequada das próprias verdades sob condições favoráveis. Pode ser aqui preposto que não devemos buscar antever os efeitos do espiritualismo além do futuro próximo. Esse é o único problema cuja solução pode ser ou possível ou proveitosa a seres finitos.

[16] Alusão à parábola do semeador, de Jesus, em Mateus 13:5. (N. T.)
[17] Mateus 13:25-27. (N. T.)

Se tomássemos por base que a verdade é poderosa e deve prevalecer, só seria necessário provar que o espiritualismo é verdadeiro e imaginar uma utopia na qual ele devesse florescer, e nossa tarefa então estaria completa. Mas, sendo as condições todas imaginárias, tal tentativa deveria ser corporificada antes na forma de poesia que de prosa. O fim da prosa ensaísta é melhor atingido se ela se contenta em estreitar seu campo de visão, para uma melhor definição do objeto a ser visto. No caso presente, temos um dado estado da sociedade e um dado motivo, e devemos tentar traçar o efeito provável desse motivo somente tão longe no futuro quanto as faculdades humanas comuns possam penetrar.

Então, embora a forma do problema diante de nós não envolva somente, ou mesmo principalmente, a questão da verdade do espiritualismo, a solução desse problema é necessária como uma preliminar para a consideração da sua influência. Devemos, portanto, lidar com esta questão primeiro — O espiritualismo é verdadeiro?

O espiritualismo é verdadeiro? A questão naturalmente sugere outra — O que é o espiritualismo? Muitas respostas diferentes podem ser dadas, mas devemos alegar, aqui, esta como a definição apropriada — o espiritualismo é a ciência de uma vida futura. No sentido moderno do termo, em contraste com as formas antigas de sobrenaturalismo, o espiritualismo é estritamente uma ciência. Todas as suas conclusões fixas devem ser sustentadas pelo raciocínio indutivo. A ortodoxia dos seus fatos deve repousar apenas sobre a constância de sua verificação e verificabilidade.

Entre as formas de religião existentes que apontam para conclusões similares, essa característica está inteiramente ausente. A Igreja Protestante, por exemplo, constrói a sua crença sobre uma revelação que está fechada, isto é, sobre fatos que não podem tornar a ocorrer. A Igreja Católica, embora não negue a recorrência ocasional de milagres, ainda baseia a sua crença também inteiramente sobre o passado. Daí, à parte o conhecimento interno ou inspirado das existências espirituais (que muitos negam), essas igrejas não têm mais evidência da realidade do mundo espírita para oferecer ao cético do que a que é oferecida para a realidade de muitos mitos antigos, a saber: o testemunho histórico. Todas as crenças meramente tradicionais, sejam verdadeiras ou falsas, têm uma tendência a se tornar enfraquecidas pelo tempo; e, a menos que elas sejam apoiadas por testemunhos revigorados, sua extinção final é uma certeza da natureza. E a cristandade, no que diz respeito a qualquer crença real em suas evidências sobrenaturais, está rapidamente partilhando desse destino. Os fatos sobre os quais ela está construída vieram a nos apresentar uma aparência tão estranha e não natural, tornaram-se investidos de tal caráter lendário e ideal, que perderam sua própria qualidade de fatos. São considerados como alguma coisa completamente distinta dos fatos comuns; de modo que mais peso é atribuído a teorias contemporâneas do que aos próprios fatos que lhes deram surgimento. Por uma questão de acurácia histórica, os fatos são mais prováveis de serem transmitidos corretamente do que as palavras — a substância, do que a forma. Mas muitos amantes da Bíblia manterão que, nela, as palavras têm uma acurácia inspirada, a qual de modo nenhum é confirmada por um significado inequívoco. A pertinácia com que se agarra a *letra* da Bíblia prova a ausência de qualquer fé viva no sobrenatural. É necessário reforçar a nossa crença em fatos tão estranhos pela crença em alguma coisa ainda mais estranha, a saber: a inspiração verbal.

Por mais anômalo que pareça tal estado de mente como o que descrevemos, é impossível explicar de outro modo a total incredulidade e a absoluta incapacidade de crer nos fatos do espiritualismo, que encontramos na maioria dos círculos cristãos. O poder de acreditar num milagre parece tão morto, que devemos concluir que a continuação da religião cristã nos dias presentes é devida apenas à reconhecida perfeição de seus ensinamentos éticos. Não é um traço incomum da mente humana se agarrar à forma de uma fé depois que "os cérebros estão fora".

> "Foram-se os tempos
> Em que, quando os cérebros estavam fora, o (credo) morreria,
> E eis um fim."[18]

Mas não é assim agora. Os "cérebros" da cristandade foram os fatos sobrenaturais da vida de Cristo; sua ressurreição e aparição aos discípulos; e os dons espirituais que foram subsequentemente concedidos a eles; não tanto a moral ou a teologia que ele buscou inculcar; e ainda menos

[18] William Shakespeare, *Macbeth*, ato 3, cena IV. (N. T.)

os ensinamentos subsequentes dos apóstolos. Como espiritualistas, não é necessário sustentar a infalibilidade ou a falibilidade desses ensinamentos, mas o espiritualismo oferece tão forte confirmação dos fatos, sobre os quais só uma crença racional pode estar baseada, que os cristãos deviam ser os primeiros a lhe dar boas-vindas. Infelizmente, o dogma é mais sustentado para confirmar os fatos, do que como precisando de confirmação por eles, e qualquer probabilidade adicional dada aos fatos da Bíblia é pensada como desnecessária, e só o oferecimento dela já é obstinadamente rejeitado.

Enquanto esta é a atitude do mundo religioso para com o espiritualismo, não precisamos nos surpreender de que a porção cética e mais pensante da comunidade não tenha sido capaz de atingir qualquer crença muito difundida nele, mas, repudiando igualmente os registros, nos quais ela vê que os cristãos professos não têm nenhuma crença sólida, e os rumores da assim chamada superstição moderna, ela nega a existência da alma de modo geral. A única prova possível de tal ocorrência como uma aparição (dizem-nos) está na consciência do vidente. Para todo o mundo ao lado dele, é apenas ouvir-dizer, e deveria ser desacreditada pelo mero motivo da sua improbabilidade — pelos mesmos motivos que desacreditamos a existência da Serpente do Mar. Um argumento como esse é totalmente inatacável por quaisquer armas da cristandade ortodoxa. Os cristãos e os materialistas estão nos dois polos de crença, e a ambos falta a parte média que o espiritualismo pode suprir. Para estes, ele tem seus fatos verificáveis, para aqueles, sua filosofia abrangente. Com o materialista, é necessário começar provando que a inteligência e a volição se encontram separadas do cérebro e do organismo humano. Com o religioso, é necessário apontar a verdadeira *raison de'être* [razão de ser] da sua crença.

Que o espiritualismo é verdadeiro, pode ser demonstrado de dois modos — indutivamente, a partir dos fatos de comunhão espírita ocorrendo diariamente em nosso meio; dedutivamente, a partir da universalidade da crença nele, que prevaleceu de uma forma ou de outra em todas as nações civilizadas. É difícil, ou mesmo impossível, supor que qualquer crença bem difundida seja inteiramente infundada. Ademais, esta crença de que, quando toda prova sensível de vida está extinta, alguma coisa ainda vive, não é uma para a qual possamos assinalar prontamente uma causa, se for falsa. A crença em um Deus pode ter surgido da contemplação da natureza. O trovão, o terremoto, ou o curso regular das estações podem sozinhos ter sugerido a ideia de um Poder Governante. Mas não vemos nenhuma *sugestão de vida onde a morte está*. De onde, então, surgiu a crença em uma vida futura, se não de algum tipo de comunhão sensível com o mundo não-visto? Mas, se o *onus probandi* [ônus da prova] ainda está conosco, afirmamos que uma vida futura pode ser provada hoje indutivamente a partir de fatos. Nenhuma quantidade de *argumento* bastará para provar um fato. O testemunho que convencerá um não convencerá todos. Podemos, portanto, apenas apontar quais são os fatos que alegamos como premissas, e pedir aos nossos oponentes para os testarem à sua própria maneira. São estes: Que, sob certas condições, os espíritos podem ser vistos, sentidos e ouvidos, assim estabelecendo sua existência por meio dos mesmos três sentidos que tomam cognição da existência dos nossos semelhantes. Que eles provam a sua identidade como seres humanos e o seu relacionamento (em muitos casos), exatamente do mesmo modo como aqueles que não temos escrúpulo, em nossa vida diária, em considerar como realidades corporais. Que cada um de nós não tem, portanto, nenhuma certeza mais racional da existência um do outro, do que da existência dessas aparições. Não há mudança de consciência, como após o sono, que nos induza a compará-los às criações da terra dos sonhos. Não são fantasias de loucos: mas, se eles não são fatos reais, não pode mais haver qualquer certeza no mundo: todos os fenômenos devem ser considerados como igualmente fantasmagóricos e ilusórios. O futuro e o passado não podem ter nenhuma existência real. O presente deve ser considerado como a única realidade, e mesmo como subjetiva, sem outro substrato que a consciência individual.

Felizmente, porém, um ultraceticismo como esse não ameaça seriamente dominar a humanidade. É apenas com relação à experiência dos outros que nós sempre somos capazes de sentir um alto grau de dúvida. Nossos próprios sentidos, no fim, são sempre confiáveis. A razão, é verdade, deveria nos levar a concluir que a confiança na realidade das coisas que nós percebemos é mal fundada, se não concedermos a mesma confiança às percepções dos outros. Mas, na prática, essa confiança é impedida por uma simpatia imperfeita. Sem simpatia, é impossível revelar nossas percepções aos outros de modo que elas não possam ser duvidosas. A prova, portanto, dos fatos do espiritualismo deve, sem dúvida, repousar sobre a experiência pessoal — e esta pode ser obtida por quem quer que a busque seriamente.

Chegamos agora à questão –- Qual será o efeito do espiritualismo sobre a sociedade, visto meramente em seu aspecto social? Não se pode duvidar de que a própria existência da sociedade depende da suscetibilidade dos seus membros a impressões ideais. Enquanto os homens estão governados principalmente por impulsos primários simples, e aqueles motivos mais complexos que surgem das impressões ideais do passado e do futuro estão em suspenso, nada além de associações temporárias é possível. A permanência da sociedade depende da permanente predominância, numa maioria dos seus membros, do ideal sobre o real, como uma força-motriz: ou de que todos os motivos que dizem respeito a um bem futuro, de preferência a um presente, sejam, em sua natureza, ideais. Mas, embora a sociedade não possa existir sem uma base ideal, esse ideal pode ser, e frequentemente é, estreito. A necessidade de associação para proteção mútua contra um inimigo comum, ou para propósitos de indústria, ou comércio, são motivos que dizem respeito apenas a um futuro próximo; e, de si mesmos, eles não são calculados para produzir uma sociedade altamente civilizada. A força de uma dada comunidade está na proporção da unanimidade, ou igualdade de cultura, da sua maioria trabalhadora (ND18); mas sua durabilidade e harmonia dependerão do escopo e da veracidade do seu ideal. Pode bem ser afirmado, portanto, que um ideal que está limitado à consideração dos nossos interesses nesta vida, ou, no máximo, não olha além daqueles dos nossos descendentes imediatos ou seus sucessores, não pode ser suficientemente amplo, se a doutrina de uma vida futura para nós e eles pode ser verificada.

Indubitavelmente, o ideal mais baixo de como fazer o melhor desta vida é ainda muito imperfeito, e não foi extenso o bastante no mundo para efetuar um décimo do bem a ser esperado dele. Isso pode ser urgido (e é urgido pelos secularistas[19]) como argumento para ignorar a con-

[19] Adeptos do secularismo, sistema filosófico que exclui do destino do homem toda ideia religiosa. (N. T.)

sideração de um Depois-daqui. Mas não tem peso contra o espiritualismo como ciência, embora possa falar contra a teologia especulativa. O ideal mais largo não destrói, mas inclui, o menor. A percepção de um bem futuro não prejudica *per se* o gozo do presente, mas o aprimora. Daí, concluímos que a crença no espiritualismo é calculada como a beneficiar a sociedade como tal, adicionando um outro e mais alto motivo para a associação. No presente, sua influência é fraca; mas, talvez, no curso do tempo, os motivos mais baixos que dependem dos nossos desejos físicos cessarão, com esses desejos, de serem os predominantes; e devemos, então, olhar para alguma coisa mais alta para suplantá-los e formar o cimento necessário da sociedade. Julgando por analogia, o poder que olha o mundo

"Com outros olhos, mais largos que os nossos"[20]

não ordenou que o conhecimento de uma concessão de existência mais longa devesse atuar como desintegrador da sociedade; ou nos levar a negligenciar o presente pelo futuro de modo geral.(ND19)

O efeito do espiritualismo sobre a moralidade e a religião deve depender da condição na qual ele as encontra. Se a utilidade é aceita como a base da moral, é óbvio que o espiritualismo explora uma visão mais ampla dela do que a adotada pelos discípulos da escola benthamita[21]. Se, por outro lado, um código de moral correto só pode ser alcançado por uma revelação especial, o espiritualismo é a ciência que reconhece, expõe e harmoniza todas as revelações. Em qualquer caso, ele é de suprema importância em sua relação com a moral e a religião. Nosso credo inclui uma crença em ambos os métodos de se chegar ao conhecimento — revelação e ciência. Uma verdade é frequentemente *a*preendida antes de ser *com*preendida. É sentida por uma espécie de intuição, antes de ser explicada e provada pela ciência. Não desejamos exaltar a intuição em detrimento da ciência. Uma é o nosso farol, a outra, nossa bússola e guia através da escuridão.

Como ilustração do que queremos dizer, podemos apontar para o fato de que a verdade da irmandade univer-

[20] Lord Alfred Tennyson, no poema *In Memoriam A. H. H.*, seção LI. (N. T.)
[21] Isto é, de Jeremy Bentham (1748-1832), filósofo inglês utilitarista, para quem a moralidade das ações está em função do cálculo da utilidade que estas trazem como resultado às partes afetadas. Conhecido pelo projeto do *panóptico*, sistema de vigilância e controle total em escolas, prisões etc. (N. T.)

sal da humanidade foi revelada ao mundo por meio de Cristo[22], mas nem seus discípulos nem os descendentes deles realmente apanharam a ideia. "A luz brilha na escuridão, e a escuridão não a compreendeu."[23] Está reservado à ciência e à experiência expor e provar a realidade dessa grande verdade, por processos indutivos, antes de ela poder ser assimilada na estrutura da mente humana. O modo pelo qual ela alcançará esse objeto é descobrindo a natureza dos laços que conectam cada membro da família humana com todos os seus membros. À medida que avançamos em conhecimento, a real comunidade de interesses de toda a humanidade deve se tornar cada vez mais aparente: até que, se tivéssemos inteiramente senhoreadas as leis que governam a sociedade, devamos, sem dúvida, perceber que nenhum membro da família humana pode sofrer, sem um correspondente dano para o todo da sua parentela.(ND20)

Dissemos que o espiritualismo reconhece a revelação: mas ele não reconhece uma revelação infalível: por duas razões — a falibilidade necessária do meio humano, e a falibilidade possível do revelador. Há espiritualistas cristãos, é verdade, que creem no caráter divino da revelação da Escritura, como vinda de uma fonte infalível por meio de canais infalivelmente inspirados, mas tal crença é uma parte da sua cristandade, e não do seu espiritualismo. A ciência do espiritualismo, por si mesma (e isso nunca pode ser demasiado bem lembrado), nada prova senão só a doutrina de uma vida futura. Sobre todos os outros assuntos, os ensinamentos dos espíritos são vários e frequentemente conflitantes. Nós somos deixados a peneirar a verdade do erro em todos os casos[24]. É necessária, porém, pouca reflexão, pensamos, para nos mostrar que uma revelação completa da vontade de Deus ao homem é uma impossibilidade: pois pressuporia a capacidade no homem de compreendê-la. E, assim também, a revelação de quaisquer verdades mais altas do que aquelas com as quais estamos acostumados deve ser gradual; e é uma suposição natural, em conformidade com toda experiência da lei, que, para

[22] Por exemplo, em Mateus 5:22-24; 6:9; 7:3-5; 18:15-16,21,35; 23:8; 25:40; Lucas 17:3-4; Hebreus 2:11. (N. T.)

[23] João 1:5. (N. T.)

[24] O grande exemplo disso é o critério próprio ao Espiritismo, conforme indicado pelos Espíritos superiores e praticado por Allan Kardec, que procedia a esse crivo pelo *exame sério de todas as comunicações*, segundo o método do "*Controle universal do ensinamento dos Espíritos*", explicado principalmente em seu *O Evangelho segundo o Espiritismo*, introdução, n° II. Ver também *A Gênese*, cap. I, n° 50-52. (N. T.)

serem inteligíveis a nós, elas devem vir por meio de mentes só um pouco adiantadas em relação à nossa própria.

Do acima exposto, será recolhido que não esperamos do espiritualismo qualquer influência sobre a moralidade ou a religião a partir da revelação de quaisquer verdades totalmente novas e surpreendentes. Olhamos antes para o crescimento gradual, e a vitalidade aumentada, da crença numa vida futura — para a consequente ampliação e o alargamento do nosso ideal de felicidade, que é indubitavelmente a base real de toda moralidade. No estágio presente de desenvolvimento do homem, há comparativamente poucos que são devidamente influenciados pelo pensamento de um futuro temporal e próximo, suficientemente para induzi-los (por exemplo) a fazer provisão para a velhice ou uma possível calamidade. Com isso, a ideia de um futuro mais remoto pode ter apenas pequeno efeito. Mas o que influencia o mais alto, gradualmente, filtra para baixo na escala da inteligência; e temos de considerar, além disso, muitas causas agora existentes que tendem a fazer o processo numa taxa acelerante — a densidade aumentada da população do globo, a maior facilidade de adquirir, registrar e transmitir ideias novas que é devida às descobertas da máquina a vapor, da imprensa e do telégrafo elétrico.

Todas essas coisas são tantas influências concorrentes que devem ser levadas em conta. Para resumir — o bom efeito do espiritualismo sobre a moralidade está todo compreendido no incentivo adicional que ele nos oferece para buscarmos por nós mesmos o verdadeiro trajeto. Inicialmente, sem dúvida, muitos serão levados pela noção de que espíritos avançados podem nos suprir com um código novo e infalível, mas, tendo em mente a averiguada lei de comunhão espírita, de que "semelhante busca semelhante", de que somente aqueles espíritos em simpatia conosco podem manter intercurso direto, não podemos razoavelmente encorajar tal esperança. O padrão de moralidade somente pode avançar com o nosso conhecimento das leis de Deus. A ideia de um código de moral infalível é antes calculada para entravar do que para promover verdadeiro progresso naqueles que acreditam nela — pois ela descarta o exercício da caridade. Nossa percepção da melhor maneira de viver está, e sempre estará, muito além da nossa prática — mas nossa percepção nunca pode atingir o Absoluto. Ciência, não dogma, é a grande promotora de moralidade se corretamente compreendida, pois ela descobre e expõe as leis de Deus, e moralidade é a arte de conformar nossas vidas a elas.

Por último — Qual será a influência do espiritualismo sobre a religião? Religião é demasiado apta a ser considerada como a crença intelectual em certos dogmas acerca da natureza e dos atributos de Deus; ou o conhecimento dos seus desígnios e intenções para com suas criaturas. Uma crença *verdadeira* é sustentada como sendo a única senha para a salvação; ou as obras fundadas sobre uma crença *verdadeira*. Mas, e se o homem, uma criatura finita e que comete erros, for incapaz de ver a mensagem de Deus em dogmas humanamente transmitidos? E se o relato das suas intenções parece apenas um sistema de teorias humanas e verdades parciais? Toda religião, então, é impossível para ele? Respondemos — Não! Religião verdadeira não exige nenhuma dessas coisas. Ela exige, de todo homem, que ele deva cultuar somente seu ideal mais alto — que ele deva buscar a verdade e praticar a caridade. As condições de salvação em nenhum lugar estão distintamente depostas, pois elas são imperfeitamente conhecidas mesmo no mundo espírita. Como o evangelho de Cristo, então, o espiritualismo é boas notícias[25]. As notícias são boas, sejam elas aceitas ou rejeitadas; mas regozijamo-nos na crença de que nunca chegará o tempo em que ele exercerá qualquer influência, senão *indireta*, sobre os credos religiosos — nem suplantará a consciência — a verdadeira base da religião — pela autoridade, ainda que essa autoridade estivesse apoiada por uma hoste de anjos.(ND21)

[25] Evangelho, do grego *euaggélion*, "boa nova, boa notícia". (N. T.)

Notas Doutrinárias

Ao *Segundo Ensaio Premiado*, de G. F. Green (ND18 a ND21).

ND18 – Diversos pensadores políticos, como o inglês James Harrington (1611-1677), explicam que a viabilidade de um governo depende, em boa parte, da *crença* e da *compreensão* de seus súditos. J. J. Rousseau indica que, numa verdadeira democracia, participativa, *o cidadão deve ser, ao mesmo tempo, súdito e soberano*, condição que se torna diluída numa "democracia representativa". Nesta, o governo ou os chefes podem oferecer uma crença aos governados. Mas tal crença não será necessariamente aquela de que o povo precisa para bem viver, pois ela pode servir para os superiores tirarem proveito dele ou o controlarem mais facilmente – como pensava Trasímaco (Platão, *A República*, livro I). E mesmo a *religião*, como toda crença, pode servir para esse objetivo; daí a famosa expressão: *a religião como ópio do povo*, ideia reproduzida por Kant e Henri Heine (socialista que, após a morte, teve uma comunicação publicada por Kardec no *Evangelho segundo o Espiritismo*, cap. XX, nº 3), posteriormente parafraseada por Karl Marx (*Crítica da filosofia do direito de Hegel*, "Introdução"). Com efeito, a religião, como qualquer crença, pode se tornar uma *ideologia alienante*, se não for *conscientizadora* acerca do protagonismo de todos para dirigir a sociedade; dessa forma, para que os indivíduos não sejam manipulados e se tornem o que a filosofia (Platão, Kant, etc.) chamava "gado"[26], é preciso que todos façam uso de sua razão autonomamente, a fim de se guiarem por si mesmos numa moralidade racional, como ensina a dou-

[26] Platão, *A República*, livro I, 343a-344c. Immanuel Kant, *O que é esclarecimento*, A 481-484.

trina espírita. O mau uso da religião, enquanto ideologia alienadora ("ópio do povo"), consiste em conformar o povo injustiçado (sim, há muitos injustiçados, como veremos em ND27, à frente), favorecendo os opressores, dizendo que "a vida é assim mesmo", "foi Deus que quis assim". Isto é o que ensina a religião como instrumento de dominação, em essência: "Se alguém está em cima, foi Deus que o pôs lá; se alguém está embaixo, é a vontade de Deus. E esta não se discute. Cante, ore, cumpra os rituais, dê suas ofertas e contribuições, pense e sinta o bem e o amor, aja sempre com moralidade, para que Deus queira te abençoar, se for o caso, e mudar seu destino." E todos dizem: "Amém." Esta é a forma da religião que tira o protagonismo do povo, que esvai a participação cidadã, que faz considerar a estrutura social como imutável, trazendo uma visão conservadora, desmobilizadora, apassivadora e, afinal, antidemocrática. Vejamos isso denunciado nos textos doutrinários espíritas:

Allan Kardec, em sua obra, expõe abertamente o mau uso da *religião para dominação dos povos*, tornados joguetes para exploração dos manipuladores:

> *Infelizmente, as religiões, em todos os tempos, foram instrumentos de dominação*; o papel de profeta tentou as ambições secundárias, e viu-se surgir uma multidão de pretensos reveladores ou messias que, com o favor do prestígio desse nome, *exploraram a credulidade* em proveito de seu orgulho, de sua cupidez ou de sua preguiça, *achando mais cômodo viver à custa de seus joguetes*. A religião cristã não esteve ao abrigo desses parasitas. (*A Gênese*, cap. I, nº 8.)

E complementa, sobre o *uso político da religião*:

> *A religião era então um freio poderoso para governar*; *os povos se curvavam de bom grado sob as potências invisíveis em nome das quais se os subjugava, e pelas quais os governantes diziam ter seu poder*, se não se davam por iguais dessas mesmas potências. Para dar mais força à religião, era preciso apresentá-la como absoluta, infalível e imutável, sem o quê ela teria perdido seu ascendente sobre seres quase brutos e apenas nascendo à razão. *Era preciso que ela não pudesse ser discutida, não mais que as ordens do soberano*; daí o princípio da *fé cega e da obediência passiva que tinham, assim, na origem, sua razão de ser e sua utilidade*. A veneração que se tinha pelos livros sagrados,

> quase sempre supostamente descidos do céu, ou inspirados pela divindade, *interditava, aliás, todo exame*. (Allan Kardec, *A Gênese*, cap. IV, nº 2, texto presente até a 4ª edição de 1868, ausente a partir da 5ª edição.)

O codificador publica um interessante relato espírita sobre a condição de um povo – especialmente da sua *maioria trabalhadora* – deixado sem instrução, alienado da política e da ciência, e que é manipulado pela religião. O quadro é desastroso:

> Eles *não sabem o que é pensar*, julgar sadiamente e utilizar todos os recursos do espírito; só o interesse os domina em toda a sua rudeza, e a nutrição pesada e comum se presta a essa esterilidade do espírito. *Vivendo afastados do ruído da política, das descobertas científicas, eles são como bois, ignorando sua força, prontos a aceitar o jugo*, e, *sob o golpe do aguilhão, vão à missa*, ao cabaré, à aldeia, não por interesse, mas *por hábito*, dormindo nas prédicas, saltando aos sons dissonantes de uma gaita, soltando gritos insensatos e obedecendo brutalmente aos movimentos da carne. (Allan Kardec, *Revista Espírita*, mai. 1866, Palestras, "Lembranças retrospectivas de um Espírito".)

Observe-se, na continuação imediata desse trecho, a atitude "amortecedora" dos religiosos, frente a essa triste condição do povo:

> *O sacerdote se abstém totalmente de mudar esses velhos usos e costumes*; ele *fala de fé, de mistérios, de paixão, do diabo sempre*, e essa mistura incoerente *encontra um eco* sem harmonia nas cabeças dessas bravas gentes *que fazem votos, peregrinações* com pés nus e *se entregam aos costumes supersticiosos* mais estranhos. (*Idem*.)

Tudo isso, portanto, como escape para o "aguilhão" que golpeia essas pessoas, como citado mais acima, isto é, para a *condição sofrida* delas. Eis aí, na obra de Allan Kardec, um exemplo de como a religião serve de "ópio" do povo, fazendo-o "dormir nas prédicas" e depois correr para saltar atabalhoadamente ao som das gaitas, *submetendo-se inconsideradamente* a *um jugo* que poderia romper, se tivesse consciência de *sua força*.

Tece-se, em seguida, ainda nesse artigo, uma reflexão valiosa sobre as possibilidades esperadas dos trabalhadores, que seriam *e serão* bastante diferentes, caso se lhes dê outro tipo de instrução:

> Entretanto, tomai esse bruto e falai-lhe com interesse, logo o *camponês* astucioso, prudente como um selvagem, defende-se com aprumo e derrota os juízes mais finos. *Fazei um pouco de luz em seu cérebro, ensinai-lhe* os primeiros elementos das *ciências*, e *tereis homens verdadeiros*, fortes em saúde, *espíritos viris e cheios de boa vontade*. (*Id.*)

Assim, a crença e, consequentemente, a educação da *maioria trabalhadora* tem papel determinante nos rumos da sociedade, tanto mais quanto maior for sua consciência da própria força. Caso contrário, ignorará suas possibilidades, "aceitando o jugo, como bois".

O Espiritismo nunca deverá fazer esse papel alienante e desmobilizador que fizeram as religiões; antes, *deve ser uma crença que age como motor da transformação* que se espera ver nas populações do mundo, como traz o final do mesmo artigo:

> E, quando tantas esperanças pedem apenas para se espalhar, *quando tantos outros países estão*, como este, *numa prostração mortal*, *desejemos* que, em todos os corações, *em todos os recantos perdidos deste mundo*, penetre *O Livro dos Espíritos*. A doutrina que ele encerra unicamente pode *mudar o espírito das populações, arrancando-as à pressão absurda* daqueles que ignoram as grandes leis da erraticidade, *e que querem imobilizar a crença humana* num dédalo onde eles mesmos têm tanta dificuldade em se reconhecer. Trabalhemos, portanto, *todos com ardor nessa renovação* desejada que *deve derrubar todas as barreiras, e criar o fim prometido à geração que nos virá logo*. (*Id.*)

Complementando o que se viu aqui, escreve J. Herculano Pires:

> Kardec, em *A Gênese*, afirma que *as religiões sempre serviram como instrumento de dominação*, em virtude da maneira misteriosa que apresentam os problemas da sobrevivência espiritual do homem. Essa uma das razões porque ele sempre se negou a considerar o Espiritismo simplesmente como religião, pois *o Espiritismo não se confunde com esses "instrumentos de dominação"*. *Jamais se acumpliciou nem pode conluiar-se com*

> *os exploradores de qualquer espécie*, pois restabelece os princípios do Cristianismo do Cristo, como diz o Padre Alta; ensinando ao homem *a fé raciocinada, apoiada na razão e não em dogmas autoritários*. (*O Reino*, cap. 8.)

As obras de Kardec, efetivamente, tratam das condições abusivas às quais está submetida a classe trabalhadora:

> Que pensar dos que *abusam* de sua autoridade para *impor aos seus inferiores um excesso de trabalho*? "É uma das *piores ações*. Todo homem que tem o poder de comandar é responsável pelo excesso de trabalho que impõe aos seus inferiores, pois *transgride a lei de Deus*." (*O Livro dos Espíritos*, nº 684.)

Entenda-se aqui "superior" e "inferior", "forte" e "fraco" com referência às posições ou classes sociais no capitalismo, isto é, como já vimos antes: os "exploradores" e os "explorados", respectivamente, possuidores e trabalhadores.

> Que pensar daqueles que *abusam da superioridade de sua posição social* para *oprimir o fraco* em seu proveito? "Esses *merecem o anátema*; infelizes deles! Serão oprimidos a seu turno, e *renascerão* em uma existência onde suportarão tudo o que fizeram suportar." (Allan Kardec, *O Livro dos Espíritos*, nº 807.)

Cosme Mariño, pioneiro espírita argentino, resume que as aspirações socialistas para a classe trabalhadora são encampadas pelo Espiritismo, e vice-versa:

> *O socialismo*, pois, *sob sua face econômica e com as regras morais que estabelece para dignificar e elevar a classe trabalhadora*, não pode deixar de se orientar *nos mesmos princípios do Espiritismo*. (*Conceito espírita do socialismo*, 1ª conferência.)

Temos esta síntese da posição da doutrina sobre a condição do trabalhador no capitalismo:

> Os espíritos superiores que nos legaram a Terceira Revelação e o próprio codificador dela, pessoalmente, também tomaram *viva consciência objetiva* dos *abusos da riqueza e do poder* pela *opressão contra os mais fracos*. Esse processo *espoliativo de direitos, de bens, de produtos do trabalho* e, acima de tudo, da *dignidade pessoal* se acha *muito bem lembrado nos textos da doutrina*. Acompanham tais registros *cáusticas repri-*

mendas às classes sociais e pessoas que, *na elaboração das leis*, visam apenas a seus exclusivos interesses. (Ney Lobo, *Estudos de filosofia social espírita*, FEB, 1991, p. 98.)

Léon Denis, comentando as aspirações da classe trabalhadora, pedindo também temperança, registra:

> *Subscrevemos* de bom grado *as reivindicações legítimas da classe operária* reclamando para o trabalhador sua parte de *influência* e de *bem-estar*, seu *direito aos benefícios industriais* e *seu lugar ao sol* (...). (*Socialismo e espiritismo*, cap. I.)
>
> *O direito de greve é legítimo*, é a arma do trabalhador contra as pretensões exageradas dos capitalistas, *dos chefes de indústria*. (*Idem*, cap. VIII.)

Diz mais:

> Por que o povo permanece desconfiado e, por vezes, hostil? É que ele *foi por muito tempo enganado, abusado e mesmo traído* no passado. O povo se tornou incrédulo, não somente a respeito dos dogmas, mas, ainda, *acerca das promessas eleitorais*: no entanto, ele não é cético. *O que ele demanda, antes de tudo, é a justiça*. E essa *aspiração que ele tem pela justiça* imanente não é um sentimento poderoso e quase religioso? Pode-se encontrá-lo no fundo das consciências, e *está aí*, no meio das incertezas e das contradições, *o que nos orienta para um estado melhor*. Precisamos de *instituições que ponham a justiça* na família, *na cidade*, que *façam dela o móvel de todas as ações*. Nesse sentido, *resta muito a fazer, pois não é tudo assegurar ao operário o pão e o abrigo*. O povo não tem *somente necessidades materiais*, ele demanda também *que se cultivem suas faculdades superiores*. ... *O povo, tornado soberano, tem necessidade de ser mais esclarecido em seus votos e seus julgamentos*. É preciso pensar em dar ao homem uma fé livre e desinteressada que o sustente em suas provas, uma *crença racional que lhe permita reagir contra as causas de decaimento*. (Léon Denis, *Socialismo e espiritismo*, cap. VIII.)

Por fim, em discurso presenciado e publicado por Allan Kardec, *são os próprios trabalhadores* que se queixam das crenças e filosofias cheias de "consolações enfadonhas", de discursos repletos de palavras bonitas, porém, vazias, que costumam lhes apresentar para que "suportem melhor" as agruras da vida; mostram-se, assim, sedentos de algo mais sólido, como o Espiritismo pode oferecer. Eis parte do *discurso de um mecânico, em nome do grupo dos operários*:

> ... É preciso confessá-lo, há momentos na vida em que a razão poderia talvez nos sustentar, mas há outros em que se tem necessidade de toda a fé que dá o Espiritismo para não sucumbir. *Em vão* os filósofos nos vêm pregar *uma firmeza estoica*; nos enunciar suas *pomposas máximas*; nos dizer que *o sábio não é abalado por nada*, que *o homem é feito para se possuir a si mesmo e dominar os acontecimentos da vida*; *enfadonhas consolações! Longe de abrandar minha dor, vós a acidificais*; em todas as vossas palavras, *não encontramos senão vazio e secura*; mas o Espiritismo *vem em nosso socorro* e nos prova que nossa aflição mesma pode contribuir para à nossa felicidade. Sim, nosso mestre [Allan Kardec]; continua tua augusta missão; continua a nos mostrar *essa ciência* que vos é ditada pela bondade divina; que faz nossa consolação *durante esta vida*, e que será o sólido pensamento que nos firmará no momento da morte. Recebe, caro mestre, essas poucas palavras saídas do coração de teus filhos, pois és nosso pai de todos; *o pai da classe laboriosa* e dos aflitos. ... Sabe, portanto, que somos apóstolos devotados, e que no século presente, como nos séculos futuros, teu nome será bendito por nossos filhos e nossos *amigos operários*. (*Revista Espírita*, nov. 1861, "Banquete oferecido pelos espíritas bordeleses ao Sr. Allan Kardec – Discurso do Sr. Desqueyroux, *mecânico, em nome do grupo dos operários*".)

Portanto, não é com discursos consolatórios enlevados, emocionantes e encenados, mas sim com uma *doutrina social robusta, consciente e transformadora, já para esta vida, bem como para a outra, que a verdadeira realização se faz para a classe trabalhadora*.

ND19 – De fato, *o ensinamento espírita não negligencia preocupações com a vida presente, material, social*. Como temos visto constantemente ao longo da obra e das notas suplementares, dá-se exatamente o contrário: o homem que o compreende se importa com o *governo* dos povos, com a *segurança* e a *previdência*, com o *bem-estar de todos*, com a *igualdade* e a *liberdade*, com a *associação cooperativa*, com a *criação de direitos* e o cumprimento de *deveres*, com a *melhoria das leis e das instituições* no mundo, a fim de regenerá-lo e fazer um "reino de felicidade" na Terra, na medida do que comporta a natureza encarnada. Para lembrar as instruções das obras de Allan Kardec, que sempre enfatizaram que o Espiritismo abarca tanto o ser espiritual *quanto o homem em sua vida material e todas as questões de ordem social*, rever nota ND2 ao ensaio de Anna Blackwell.

ND20 – Em Allan Kardec, lemos o mesmo ensinamento grandioso, explicando o que se deve entender por verdadeira solidariedade:

> Vós SOIS; sede por isso reconhecidos; mas ser não é tudo, é preciso ser segundo as leis do Criador que são vossas próprias leis. ... Vossas leis vós podeis segui-las. Ora, *a principal é esta: O homem não é um ser isolado, é um ser coletivo. O homem é solidário do homem.* É *em vão* que ele procura o complemento do seu ser, quer dizer, *a felicidade em si mesmo* ou no que o rodeia isoladamente: ele não pode encontrá-la senão no HOMEM ou na *humanidade*. Não fazeis, portanto, nada para ser pessoalmente felizes, *enquanto a infelicidade de um membro da humanidade, de uma parte de vós mesmos, puder vos afligir*. (Allan Kardec, *Revista Espírita*, nov. 1866, "A solidariedade".)

Noutras palavras: Tudo o que fazemos por uma felicidade individual não nos tornará felizes, enquanto *um homem* ainda for infeliz na humanidade; pois cada homem é uma parte dos outros e o sofrimento de um é o sofrimento de todos, assim como só a felicidade de todos será a felicidade de cada um. Pois "homem" só se pode entender como *ser coletivo, sendo cada um solidário com todos*: das *leis* que devemos seguir, essa é a mais importante, é a que deve orientar todas as outras leis. Formidáveis reflexões para a doutrina social espírita.

ND21 – Isso mesmo praticou o Espiritismo francês, por seu critério fundamental, o "controle universal do ensinamento dos Espíritos" (descrito e comentado inteiramente por Allan Kardec, no *Evangelho segundo o Espiritismo*, introdução, nº II), o qual exige o exame de todas as comunicações por três critérios: 1) pela *severa lógica*, 2) pelos *dados positivos* e 3) pela *concordância geral, independente e simultânea*, dos Espíritos. Sobre o controle da razão, da consciência, do julgamento, do discernimento acerca das comunicações espíritas, ensina Allan Kardec:

> *O Espiritismo não quer ser crido sob palavra*; quer o *livre exame*; sua propaganda se faz dizendo: *Vede o pró e o contra*; *julgai* o que satisfaz melhor vosso juízo, o que responde melhor às vossas esperanças e às vossas aspirações, o que toca mais vosso coração, e *decidi-vos com conhecimento de causa*. (Allan Kardec, *Revista Espírita*, mar. 1864, "Extrato da pastoral do Mons. bispo de Estrasburgo".)

> *Aqueles que o transmitem* [o ensinamentos dos Espíritos, isto é, os médiuns] e *aqueles que o recebem não são seres passivos, dispensados do trabalho de observação e de pesquisa*; que *não fazem abnegação de seu julgamento e de seu livre arbítrio*; que o *controle* não lhes é interdito, mas, ao contrário, *recomendado*; enfim, que *a doutrina não foi ditada toda pronta nem imposta à crença cega*; que é *deduzida pelo trabalho do homem*, da *observação dos fatos* que os Espíritos põem sob seus olhos, e das instruções que lhe dão, instruções *que ele estuda, comenta, compara, e das quais tira ele mesmo as consequências e as aplicações*. (Allan Kardec, *A Gênese*, cap. I, nº 13.)

> As comunicações dos Espíritos são opiniões pessoais que *não devem ser aceitas cegamente*. O homem não deve, em nenhuma circunstância, fazer abnegação de *seu julgamento* e de *seu livre arbítrio*. Seria dar prova de *ignorância* e de *leviandade* aceitar como verdades absolutas tudo o que vem dos Espíritos; eles dizem o que sabem; *cabe a nós submeter seus ensinamentos ao controle da lógica e da razão*. (Allan Kardec, *Revista Espírita*, abr. 1869, "Profissão de fé espírita americana".)

Apêndice

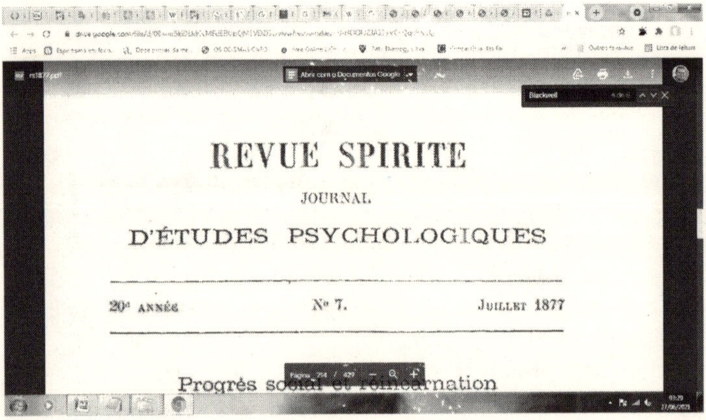

REVUE SPIRITE

JOURNAL

D'ÉTUDES PSYCHOLOGIQUES

20e ANNÉE — Nº 7. — JUILLET 1877

Progrès s... nation

Revista Espírita, – julho de 1877, p. 209-214.

Progresso social e reencarnação

Senhores, a propósito de uma questão de moralidade social que foi recentemente aflorada na *Revista Espírita*[27] (ND22), veio-me sob os olhos uma correspondência da Argélia que perturbou um instante minha consciência, e da qual desejo submeter o espírito aos nossos irmãos de trabalho.

Há seres humanos mergulhados na abjeção, e trata-se de saber se devemos tirá-los do abismo e resgatá-los por nosso devotamento, em toda liberdade de coração, em toda independência de espírito. O autor dessa correspondência não o crê. Ele admite bem a caridade parcial para "o pecador, a Madalena arrependida", mas, apoiando-se sobre a teoria da reencarnação, ele vê num projeto de redenção geral um atentado à vontade de Deus, à lei do talião, à justiça expiatória. "Essas infelizes criaturas, diz ele, não são outras para nós, espíritas, que ricos personagens

[27] A obra da Sra. Butler.

que, numa encarnação precedente, abusaram de sua fortuna para sujar a filha do pobre... Eles colheram o que semearam... Deixemos um pouco cumprir os desígnios de Deus... É preciso que as leis de Deus tenham seu curso..."

Confesso-vos, senhores, que fiquei profundamente estupefato, lendo a carta da qual extraí essas poucas linhas, pois nunca antes me veio ao pensamento que a doutrina de Allan Kardec comportasse semelhante interpretação. E, como nosso irmão da Argélia fala em nome de vários de seus compatriotas, pareceu-me que havia aí um sintoma filosófico suficiente para chamar uma discussão.

Para que a luz se faça, é preciso que cada um dê seu parecer. Quereis me permitir dizer o meu?

1° Não creio que o princípio da reencarnação contenha um dever de indiferença ou de abstenção, sob pretexto de justiça.

2° Se a reencarnação tivesse tais consequências, ela estaria em contradição com a moral resumida em nossa divisa: *Fora da caridade não há salvação*; e, forçado, sob pena de absurdidade, a fazer uma escolha entre aquela teoria e esta moral, não hesitaria um instante em sacrificar a teoria.

3° Todas as vezes que uma interpretação está em desacordo com o impulso desinteressado do coração, com a inspiração das almas grandes e simpáticas, e com a marcha evidente do progresso humano, essa interpretação, para mim, não é idêntica à verdade integral, e só pode ser nociva à doutrina interpretada.

4° Creio (e isto segundo conversações e reflexões muito recentes) que, se afastamos as interpretações antiprogressistas (ND23), teremos feito muito para a aproximação das duas escolas que se partilham o estudo dos fenômenos produzidos pelos Espíritos.

Explico-me:

Proudhon[28] diz em alguma parte, após Kant[29] e Hegel[30]:

[28] Pierre-Joseph Proudhon (1809-1865), filósofo anarquista e político francês, por vezes listado entre os socialistas utópicos; conhecido por desenvolver, entre outras, a ideia de Rousseau de que "a propriedade é um roubo". (N. T.)
[29] Immanuel Kant (1724-1804), filósofo criticista e professor alemão, grande representante do Esclarecimento, defensor da autonomia da razão e da ética do dever, delineou um ideal cosmopolita para a "paz perpétua". (N. T.)
[30] Georg Wilhelm Friedrich Hegel (1770-1831), filósofo idealista alemão, autor da *Fenomenologia do Espírito*, cujo sistema apresenta o sentido da história como o percurso da razão, o desdobramento do espírito por meio e no meio dos indivíduos, da sociedade civil e do Estado. (N. T.)

"Desde que um fato, uma ideia, apresenta um aspecto contraditório e desenvolve suas consequências em duas séries opostas, é de se esperar desprendimento de uma ideia nova e sintética." Está aí a *antinomia*; ela está por toda parte na investigação laboriosa da verdade. Aqui, em particular, poderemos talvez nos esclarecer com essa concepção. Se eu mostro que não há incompatibilidade entre a lei de caridade e o princípio de reencarnação (o que equivale a dizer entre o amor e a justiça), teria por aí mesmo elucidado, em favor do progresso ativo tão bem quanto da nossa teoria das provas, as duas primeiras proposições que enunciei. Quanto às duas últimas, elas são igualmente conexas e poderão se justificar por um procedimento análogo.

Estamos em presença de uma ideia, de uma concepção que se desenvolve em duas séries opostas: o talião, a expiação, a justiça, o que é a lei antiga; a caridade, o amor, o perdão, o que é a lei cristã. No lugar do antagonismo que parece existir atualmente entre essas duas séries (o que faz com que, para uns, o perdão cristão seja uma injustiça, e que, para os outros, a justiça do talião seja uma barbárie), não é de se esperar desprendimento de uma ideia nova e sintética que seja a lei do porvir?

Essas duas séries — entendo seus dois princípios — são, por assim dizer, os dois sexos da moral. Enquanto eles não sabem que estão destinados um ao outro, combatem-se, sendo de naturezas diferentes. Mas dia vem em que eles se compreendem, em que se penetram, em que se fecundam. O resultado, o único produto possível de sua combinação definida (não digo "mistura", nem como causa), numa palavra, a *síntese*, é a SOLIDARIEDADE.

Justiça, *Amor*, *Solidariedade*, eis as três etapas da lei moral; e essas três palavras são a trilogia do porvir.

Seria demasiado longo procurar aqui explicar, pelo detalhe, como a noção de *solidariedade* concilia a *justiça* e o *amor*, no que concerne à reencarnação. Que seja suficiente dizer que, a expiação parecendo ser o efeito em retorno da quantidade de mal que se produziu, está sempre em nosso poder abreviá-la, reparando, quer dizer, destruindo uma certa quantidade desse mal. Não é equitativo? E aqueles que impelem os seres humanos à criação do *melhor social*, quer dizer, à reparação em massa, não estão eles na via da justiça, ao mesmo tempo em que na do amor e do progresso?[(ND24)] Estamos habituados a considerar como justiça a prisão e o campo de trabalho forçado, quer dizer, o castigo estritamente definido por uma sentença. Mas, porque ainda não encontramos nada de melhor para nossas instituições, não é essa uma razão que nos dispense de desprender a justiça divina dessa concepção primitiva.(ND25) As ideias novas sendo obrigadas a se modelarem sobre as formas sociais existentes, a fim de serem apreensíveis por todos, é o dever das inteligências filosóficas desprender o espírito delas e não conceder à letra senão o valor das concepções usuais que a necessitaram. É o que acaba de fazer a senhora Anna Blackwell, num admirável trabalho de uma vintena de páginas[31]; e dele extraio algumas linhas que lançarão uma viva luz sobre a ideia da reencarnação. O ensinamento dos Espíritos superiores, diz ela, "deve provar a origem, a lei de desenvolvimento e o destino comuns de todas as criaturas do universo, desde a mais inferior até a mais elevada, mostrando que todas as formas de sofrimento e de esforço, de vida e de morte, resultam dessa comunidade de origem e de destino, e têm lugar em virtude de um plano unitário e de um desígnio que ligam juntos, numa cadeia sem fim de progresso, todos os reinos, modos e regiões da criação".[32] (...) "As instituições do porvir procederão de uma teoria da existência que nos mostrará todas as criaturas do universo passando sucessivamente pelas mesmas etapas, tendo partido de um só e mesmo ponto, seguindo uma só e mesma via, e devendo atingir um só e mesmo destino; esplêndida síntese na qual as diversidades aparentes e temporárias tendem todas a um objetivo comum, e na qual os interesses de *cada um* são inseparáveis dos de *todos*: por isso, essas instituições são a aplicação prática desta convicção de que não somente a benevolência ativa é realmente o único 'cumprimento da lei' de criação, mas ainda, de que *não podemos assegurar nossos interesses próprios, e nossa felicidade individual, senão substituindo os arranjos divergentes e antagonistas, que fazem de* TODOS *rivais e inimigos de* CADA UM, *pelos arranjos convergentes e cooperativos, que assegurarão a* CADA UM *a ajuda e o concurso de* TODOS."

Assim compreendido na harmonia e no conjunto, o

[31] *Do efeito provável do progresso das ideias espíritas sobre a marcha social do porvir*. 1 fr., *franco*, livraria espírita. [Trata-se do mesmo ensaio da autora aqui publicado; esse foi o título dado na versão francesa. — N. T.]

[32] As pequenas diferenças textuais entre estas citações e o próprio ensaio em inglês da autora se devem a traduzirmos, neste lugar, exatamente como está na versão francesa reproduzida na *Revista*. (N. T.)

problema das origens e a questão da preexistência não conduzem mais à indiferença e ao *laisser-faire*[33], mas à solidariedade e à *benevolência ativa*. E mesmo, como para responder àqueles que repreendem o Espiritismo por nada acrescentar às conquistas morais do cristianismo, ***não parece que o estudo das origens, revelando-nos a solidariedade, não somente humana, mas universal, deve esclarecer, um dia, toda uma ordem de deveres novos ainda bem obscuros, e dos quais a criação da Sociedade protetora dos animais é um sinal precursor?*** Quando tivermos estudado o desenvolvimento dos princípios inteligentes e afetivos nos seres inferiores ao homem, poderemos saber como é preciso dirigir esses princípios para conduzi-los nas vias da harmonia em conformidade com o plano divino. Quando não houver mais carrascos, o progresso, que não se detém jamais, não proporá a supressão dos açougueiros?(ND26)

Peço-vos perdão, senhores, por ter me deixado arrastar por minhas próprias reflexões. Eu poderia citar e comentar algumas passagens das obras de Allan Kardec onde está dito que "nós podemos, desde esta vida, resgatar nossas faltas, reparando-as..., que o mal não é reparado senão pelo bem..., que a duração dos sofrimentos está baseada sobre o tempo necessário à melhoria..." "O estado de sofrimento e de felicidade sendo proporcional ao grau de depuração do Espírito, a duração e a natureza dos seus sofrimentos dependem do tempo que ele leva em se melhorar. À medida que progride e que seus sentimentos se depuram, seus sofrimentos diminuem e mudam de natureza." (*O Livro dos Espíritos*, 23ª ediç., § 1.000 e 1.004.)(ND27) Eu poderia concluir disso que, embora permanecendo escrupuloso observador da doutrina, podia-se pensar em diminuir os sofrimentos dos seus semelhantes, ou em modificar-lhes a natureza.(ND28) Mas sou de espírito pouco dogmático, não me apoio sobre os textos senão como sobre auxiliares, e não como sobre senhores infalíveis; e faço-me um prazer aceitar o ponto de vista que ditava ultimamente um Espírito numa reunião da rua de Lille. "Não sois doutrinários, dizia ele, sois humanitários... Pertenceis ao grupo dos investigadores, vindes engrossar as fileiras de todos aqueles que partem deste ponto de partida: o eu consciente, para perseguir, nas altitudes do pensamento, a resultante:

[33] *Laisser-faire*: "deixar-fazer", princípio econômico liberal segundo o qual a atividade econômica deve ser, o mais possível, livre de interferência; crença no livre mercado. (N. T.)

Deus". Creio que devemos todos trazer à mesa comum da verdade os frutos de nossas reflexões, sem reticência, quer dizer, sem vergonha e sem avareza, a fim de comungar em espírito, de *pensar em comum*, e de preparar o advento da Solidariedade e da *Humanidade consciente*.(ND29)

Não tenho a pretensão de ter plenamente elucidado a questão que se pôs ao meu espírito; mas considero como meu dever vos comunicar os pensamentos, sem dúvida demasiado incoerentes, que esse problema me sugeriu; pois, se a influência dos invisíveis quis que aqui deslizassem algumas parcelas da verdade, elas não pertencem ao indivíduo, que não é nada, mas à grande família onde cada um dá e recebe, para que tudo seja definitivamente elaborado pelo conjunto.

Eu queria, para terminar, lançar um golpe de vista sobre as causas de divisão que separam as duas escolas do espiritualismo experimental, e me perguntar por que duas grandes legiões de Espíritos, que nada nos autoriza a acusar de impostura, não mantêm uma linguagem idêntica. Queria investigar se, de um lado, os Espíritos não quiseram favorecer a força de iniciativa suprimindo momentaneamente o problema das origens, das vidas anteriores (e, em consequência, os erros possíveis a respeito da reencarnação), e se, do outro lado, os Espíritos não quiseram satisfazer a necessidade de explicação que está em nós a respeito da igualdade original, revelando-nos a reencarnação que unicamente é capaz de responder a ela. ***Não há aí uma divisão do trabalho apropriada às naturezas de duas raças*[34]*, uma ávida sobretudo de liberdade, e a outra, de igualdade?*** Os Espíritos não aproveitaram essas diferenças para nos trazer os dois termos de uma antinomia, querendo, sem dúvida, nos deixar o cuidado de desprender em comum a *síntese*, sobre o terreno filosófico e analítico que a senhora Blackwell[35] explora com tanta grandeza? Essas questões me arrastaram demasiado longe; limito-me a indicá-las hoje, não querendo abusar de vossa benevolência; esperando voltar sobre esse assunto, peço-vos, senhores, receber minhas saudações as mais fraternais.

J. Camille Chaigneau.
Paris, 2 de maio de 1877.

[34] Entendam-se aí os *grupos* considerados: *um*, dos que não aceitam a reencarnação, *o outro*, dos que a aceitam, referindo-se, respectivamente, às escolas espíritas *anglo-americana* e *francesa*. (N. T.)

[35] O ensaio da senhora Anna Blackwell foi coroado pela *Associação Britânica de Espiritualistas*.

P.S. — Fui feliz de ver, na última sessão da rua de Lille, que todos os membros presentes estavam de acordo para desprender o princípio da reencarnação (que deve produzir a aceitação corajosa de nossas próprias provas) de todo ponto de vista que produzisse este resultado: a resignação para os outros [(ND30)]. Segundo seu parecer, que partilho inteiramente, devemos fazer nosso proveito do princípio, da ideia geral, para sermos fortes e pacientes na luta; devemos ser indulgentes e socorredores, pensando nas quedas que pudemos sofrer nós mesmos numa vida precedente, e não temos qualidade para julgar as existências anteriores de nossos irmãos, uma vez que uma lei de sabedoria velou em nós a lembrança do passado pessoal [(ND31)].

9 de maio de 1877.

Notas Doutrinárias

Ao artigo *Progresso social e reencarnação*, de J. Camille Chaigneau (ND22 a ND30)

ND22 – Citemos parte desse texto inspirador, sobre a obra da Srª Butler, que foi publicado na *Revista Espírita* do mês de maio daquele ano (1877):

> ... Vós, sobretudo, jovens, meus irmãos, *pensai que temos o porvir a preparar*, que aqueles que têm a luz têm o dever de espalhá-la, que os que têm a força têm o dever de manifestá-la. *Não permaneçamos afastados: uma doutrina não se eleva senão pela ação. Estejamos sempre na frente, assimilemo-nos todas as grandes causas, afirmemos o alcance social do Espiritismo.* Vamos para tudo o que é bem, e tudo o que é bem virá a nós; pois não há duas verdades no mundo, e tudo o que trabalha para a verdade está destinado à abrangência universal. Há um grande passo a transpor: deixemo-nos arrastar pelo entusiasmo, sem olhar para trás. Não mercadejemos, não consideremos os sacrifícios do egoísmo, não vejamos senão as *conquistas da solidariedade*. Lembremo-nos dessa noite memorável em que *os privilégios foram imolados* sobre o altar da pátria; e todos juntos, por uma adesão unânime, juremos *apagar as traços iníquos do passado, libertar o que acorrentamos, purificar o que manchamos, reeguer o que abaixamos*; *abdiquemos dos privilégios* que sustentamos e dos prazeres que celebramos, *cegos que não vimos a escravidão atrás do privilégio, a dor do escravo atrás do prazer do senhor. Liguemo-nos irrevogavelmente por um engajamento solene*. Prometamos não cumprir *nenhum ato que possa acrescer o mal de abjeção e de servidão*. ... Quando o grande passo for dado, quando o rio for atravessado, e as pontes forem cortadas para

> impedir todo recuo, *formaremos sobre a outra margem o núcleo da sociedade futura*. Nessa nova região, as palavras retomarão seu verdadeiro sentido: poder-se-á glorificar o amor, sem que ninguém seja tentado a enrubescer; e *o amor respeitado, mais forte que as castas, quebrará as últimas barreiras que dividem a sociedade*." (*Revista Espírita*, mar. 1877, artigo "Federação Britânica, continental e geral", p. 97.)

ND23 – O Espiritismo é progressista por natureza, acompanhando e assimilando a si todas as ideias que também o sejam:

> Ela [uma reforma religiosa proposta por católicos] devia, mesmo com todas as chances de sucesso, encontrar-se logo ultrapassada pelas sementes *progressistas, das quais vemos hoje a germinação*. O Espiritismo não tem esse defeito; *ele marcha com o progresso, ele é o progresso mesmo* e não poderia ser ultrapassado por aquele *que ele precede constantemente*. (Allan Kardec, *Revista Espírita*, mai. 1866, "O abade Laverdet".)

Aqui, o Espiritismo é visto como estando na vanguarda do progresso, como a manifestação mesma do progresso.

> Se não se quer que, ao longo do tempo, ela [a constituição da doutrina] caia em desuso, ou que seja um dia violentamente derrubada pelas *ideias progressistas, é preciso que ela marche com essas ideias*. (Allan Kardec, *Obras póstumas*, pt. II, "Constituição do Espiritismo", nº VII, § 3.)
>
> *O Espiritismo ..., tocando em todos os ramos da economia social*, às quais presta o apoio de suas próprias descobertas, *assimilará sempre todas as doutrinas progressivas, de qualquer ordem que sejam ...; sem isso, se suicidaria; cessando de ser o que é, mentiria à sua origem e ao seu fim providencial*. (Allan Kardec, *A Gênese*, cap. I, nº 55.)

A alguns que ainda possam se perguntar: "Qual o sentido de 'progressismo' adotado nas obras fundamentais?", basta compreender o que significa o progresso social na doutrina. Já respondemos na nota ND13. Mas reforcemos citações e comentários.

Léon Denis é direto, explícito:

> O que é progresso? ... *Do ponto de vista social, o progresso* é a caminhada para um *estado de coisas* cada vez

> mais *de acordo com a Justiça e a Razão*, é a *aplicação*, no seio das *sociedades humanas, das leis*, dos princípios suscetíveis de *realizarem nelas* a maior soma de ordem, de bem-estar, de liberdade, de fraternidade, *de aproximá-las o mais possível do estado de perfeição*. Eis o que é o progresso! ... É por uma longa série de *esforços*, de *trabalhos*, de buscas que ele [o homem] se torna no que é; é por *suas relações* com seus semelhantes que *ele cria a ordem social completa*. ... Que [a onda do progresso] possa elevar-se bem alto e varrer diante de si todos os fantasmas do passado: *preconceitos, ignorância, fanatismo, que ainda se opõem à sua passagem*. (Léon Denis, *O progresso*, excertos das p. 19 a 23.)

Como vimos em outro ponto, também explica Allan Kardec:

> O homem quer ser feliz, está na natureza; ora, ele não procura *o progresso* senão para *aumentar a soma de sua felicidade, sem isso o progresso seria sem objeto*; onde estaria o progresso para ele, se esse progresso não devesse *melhorar sua posição*? Mas, quando tiver a soma de prazeres que pode dar o progresso intelectual, ele perceberá que não tem a felicidade completa; reconhecerá que *essa felicidade é impossível sem a segurança* [*securité*, "seguridade"] *das relações sociais*; e essa seguridade, ele não pode encontrá-la senão no progresso moral; portanto, pela força das coisas, *ele mesmo impelirá o progresso nessa via*, e *o espiritismo lhe oferecerá a mais poderosa alavanca para atingir esse objetivo*. (Allan Kardec, *O Livro dos Espíritos*, conclusão, IV.)

Em muitos outros pontos, a doutrina trata do *progresso social*, por exemplo: *O Livro dos Espíritos*, nº 776 a 802, 894, 917; *Evangelho segundo o Espiritismo*, cap. I, 8, cap. III, cap. V, 20; *A Gênese*, cap. XVII, 56; cap. XVIII; *Obras Póstumas.*, pt. II, "Futuro do Espiritismo" etc.

Decerto, sem essa *melhoria nas relações sociais que traz a todos a felicidade*, "progresso" seria algo sem objeto: portanto, é *essa melhoria social que constitui o verdadeiro progresso*; eis o sentido do *progressismo* espírita. Será preciso, com efeito, como propõe o autor do presente artigo, que todas as ideias antiprogressistas, isto é, retrógradas, conservadoras, mantenedoras do *status quo*, das injustiças e dos privilégios, sejam afastadas e suplantadas pelas ideias progressistas. Assim, ensina a doutrina que a posição contrária, "conservadora", é imobilizadora, destrutiva e estará sempre ultrapassada em relação às ideias espíritas:

> O princípio de imutabilidade, que as religiões consideraram, até aqui, como uma *égide conservadora, se tornará um elemento destruidor*, tendo em vista que os cultos, imobilizando-se, ao passo que *a sociedade caminha para a frente, serão ultrapassados, depois absorvidos na corrente das ideias progressistas*. (Allan Kardec, *A Gênese*, cap. XVII, nº 32.)

Por isso, uma *luta* entre o passado carcomido e o futuro regenerador acontecerá:

> Entretanto, encontrareis ainda entraves em vossas tentativas para chegar à *melhoria social*. É que *não se chega jamais ao resultado sem que a luta venha afirmar os esforços*. (Allan Kardec, *Revista Espírita*, mar. 1868, "Instruções dos Espíritos – A regeneração".)

Essa luta é assim concebida na doutrina:

> Há [nas palavras de Jesus], primeiramente, a predição das calamidades de todo gênero que assolarão e dizimarão a humanidade, calamidades decorrentes da *luta suprema* entre o bem e o mal, entre a fé e a incredulidade, *entre as ideias progressivas e as ideias retrógradas*. Há, em segundo lugar, a da difusão, *por toda a Terra*, do Evangelho restaurado na sua pureza primitiva; depois, a do *reino do bem*, que será *o da paz e da fraternidade* universais, a derivar do código de moral evangélica, *posto em prática por todos os povos*. Será, verdadeiramente, *o reino de Jesus*, pois que ele presidirá à sua *implantação*, passando *os homens a viver* sob a égide da *sua lei*. *Será o reino da felicidade*, porquanto diz ele que, "depois dos dias de aflição, virão os de alegria". (Allan Kardec, *A Gênese*, cap. XVII, nº 56.)

Cosme Mariño, à frente do púlpito e de publicações espíritas durante décadas, constata, por experiência própria, os efeitos nocivos do conservadorismo, que precisamos superar:

> Bem conheço, senhores, que, nessa prédica de tantos anos, contra todos os preconceitos de educação e de escola, não contamos com a ajuda das classes conservadoras. Nem com *esse jornalismo diário*, que *crê que*

> *seu apostolado se limita a sustentar todas as instituições e os costumes*, sejam bons ou maus (que vieram se esvaziando nos moldes estreitos da rotina), *e que tudo o que intente alargá-los comete um delito de lesa-civilização.* Mas essa *obstinada e incompreensível conduta* não conseguirá desalentar todos nós, que amamos a verdadeira religião, a verdadeira pátria, o verdadeiro socialismo, o verdadeiro cristianismo, e que *combatemos todas as mentiras convencionais que nos apequenam e nos detêm a meio do caminho*. (*Conceito espírita do socialismo*, 2ª conferência.)

O próprio ambiente sociopolítico naturalmente assume propensão progressista (pois o progresso é lei natural), de modo que as políticas conservadoras e hierarquizantes deverão encontrar a resistência inevitável das propostas transformadoras:

> Os políticos *que queriam fazer reviver as instituições do passado* se chocaram *contra forças poderosas, desprendidas de toda preocupação conservadora* e animadas de um *desejo de renovação*. (Léon Denis, *Socialismo e Espiritismo*, cap. VII.)

O Espiritismo, evidentemente, integra, ou mesmo encabeça, essas "forças poderosas, *desprendidas de toda preocupação conservadora* e *animadas de um desejo de renovação*".

ND24 – De fato, os homens encarnados não têm por tarefa *apenas* melhorar a si mesmos, individualmente, mas têm o dever de se engajar para o *melhor social no mundo*, como lemos nas obras de Allan Kardec:

> *Em que consiste a missão dos Espíritos encarnados?* "Instruir os homens, ajudar em seu avanço; *melhorar suas instituições por meios diretos e materiais*". (Allan Kardec, *O Livro dos Espíritos*, nº 573.)
>
> Com efeito, *o homem tem por missão trabalhar na melhoria material do globo*; ele deve desbravá-lo, saneá-lo, dispô-lo *para receber um dia toda a população* que comporta sua extensão; para *nutrir essa população* que cresce sem cessar, é preciso aumentar a produção; se a produção de uma região é insuficiente, é preciso ir buscá-la ao longe. Por isso mesmo, *as relações de povo a povo se tornam uma necessidade*; para torná-las mais fáceis, é preciso destruir os obstáculos materiais

> que os separam. (Allan Kardec, *Evangelho segundo o Espiritismo*, cap. XVI, nº 3.)
>
> É *preciso reformar as instituições humanas que o entretêm e o excitam* [*o egoísmo*]. (Allan Kardec, *O Livro dos Espíritos*, nº 914.)
>
> A infelicidade do homem *sobre a Terra* provém da inobservância das leis divinas; quando *ele conformar* seus atos e *suas instituições sociais a essas leis, será tão feliz quanto o comporta sua natureza corporal*. (Allan Kardec, *Revista Espírita*, abr. 1869, "Profissão de fé espírita americana".)
>
> As *leis humanas* são mais estáveis *à medida que se aproximam da verdadeira justiça*, quer dizer, *à medida que elas são feitas para todos e se identificam com a lei natural*. (Allan Kardec, *O Livro dos Espíritos*, nº 795.)
>
> Sua aspiração [do homem] *para uma ordem de coisas melhor* é um indício da possibilidade de chegar a ela. *Aos homens do progresso pertence ativar esse movimento* pelo estudo e pela *implementação dos meios mais eficazes*. (Allan Kardec, *Obras póstumas*, pt. I, "Liberdade, igualdade, fraternidade", § 10.)

Cosme Mariño lembra que esse objetivo já está presente no próprio cristianismo:

> O cristianismo, senhores, ... nos serve de norte e de apoio *para melhorar nossos costumes e reformar nossos códigos*. (*Conceito espírita do socialismo*, 2ª conferência.)

Ora, quando a doutrina espírita diz que *ao homem cabe mudar as leis e instituições*, ela está lhe dizendo, noutras palavras, nada mais, nada menos que para *fazer política*!

Rever também, sobre isso, as notas, a partir de ND2, ao texto de Anna Blackwell.

ND25 – Preciosos ensinamentos sobre as causas dos crimes e os meios de lidar com aqueles que os praticam se encontram nas obras de Allan Kardec:

> *Amai-vos*, portanto, como os filhos de um mesmo pai; não façais diferença entre os outros infelizes, pois é Deus que quer que todos sejam iguais; não menosprezeis, portanto, a ninguém; *Deus permite que grandes criminosos estejam entre vós, a fim de que vos sirvam*

de ensinamento. ... É preciso *não dizer de um criminoso*: "É um miserável; é preciso dele purgar a Terra; a morte que se lhe inflige é demasiado branda para um ser dessa espécie". *Não, não é assim que deveis falar*. Olhai vosso modelo, Jesus; que diria ele, se visse esse infeliz perto de si? ... Estender-lhe-ia a mão. Não podeis fazê-lo em realidade, mas ao menos podeis orar por ele, *assistir seu Espírito* durante os poucos instantes que ele *deve ainda passar sobre vossa Terra*. O arrependimento pode tocar seu coração, se o rogais com a fé. *Ele é vosso próximo como o melhor dentre os homens*. (Allan Kardec, *Evangelho segundo o Espiritismo*, cap. XI, nº 14, "Caridade para com os criminosos".)

Que responsabilidade assumem aqueles que recusam a instrução às classes pobres da sociedade! Eles creem que com gente armada e a polícia podem prevenir os crimes. Como estão errados! (Allan Kardec, *O Céu e o Inferno*, pt. II, cap. VI, "Jacques Latour", nº III.)

Esta passagem serve para quebrar a imagem preconceituosa que se tem dos condenados, mostrando que há uma história quase sempre desconhecida e *causas sociais* envolvidas em muitos casos de crime; além disso, reforça a falha da justiça humana, do sistema penal e o erro da pena de morte:

Mas a justiça dos homens é desentendida; por uma falta, às vezes, leve, um homem é encerrado numa *prisão que, sempre, é um lugar de perdição e de perversão*. Ele *sai dela completamente perdido* pelos maus conselhos e os maus exemplos que dali tirou. Se, entretanto, sua natureza é bastante boa e bastante forte para resistir ao mau exemplo, *ao sair da prisão todas as portas lhe são fechadas, todas as mãos se retiram diante dele*, todos os corações honestos o repelem. Que lhe resta? *O desprezo e a miséria*; o abandono, o desespero, se sente em si boas resoluções para voltar ao bem; *a miséria o impele a tudo*. Ele também então despreza seu semelhante, odeia-o, e perde toda consciência do bem e do mal, *uma vez que se vê repelido*, ele que, entretanto, tinha tomado a resolução de se tornar homem honesto. *Para se proporcionar o necessário*, ele rouba, mata por vezes; depois o guilhotinam! (*Idem*, nº IV.)

Temos, ainda, de Maurice Lachâtre, este pensamento progressista:

É necessário, aliás, abrir o caminho do arrependimento aos culpados, facilitar-lhes a expiação e a reparação do mal que cometeram. A *pena de morte* é um *crime legal* condenado pela filosofia e que *desaparecerá* – bem como os outros *castigos corporais*, os *campos de trabalho* forçado e as *prisões* – de todos os códigos penais com o progresso da civilização. (*O Espiritismo: uma nova filosofia*, cap. 6, "Lei de destruição", p. 114.)

E, na mesma linha, esta reflexão de Cosme Mariño:

Quando todos se penetrarem do profundo sentido desta sentença espírita: "onde o amor impera, todas as leis sobram", *tudo quanto revela o império do egoísmo - tribunais, cárceres, polícias, exércitos -, terá desaparecido e o reino de Deus na Terra se assentará* sobre bases inamovíveis. (*Conceito espírita do socialismo*, 2ª conferência.)

ND26 – Para reflexões espíritas adicionais sobre os direitos dos animais, ver Allan Kardec, *O Livro dos Espíritos*, nºs 734 a 736. Também na obra do jornalista e escritor espírita Valentin Tournier, listada no *Catálogo Racional* de Kardec: *O Espiritismo perante a razão*, parte II, caps. VIII e IV.

ND27 – Podemos acrescentar ainda outras passagens das obras de Allan Kardec que resolvem a questão, no sentido de *não deixar ninguém sofrer a título de prova ou expiação. Afinal, reformar a sociedade é exigência da lei divina.* A saber:

Nós vos dissemos e repetimos bem frequentemente que estais sobre esta Terra de expiação para acabar vossas provas, e que tudo o que vos acontece é uma consequência de vossas existências anteriores, o ônus da dívida que tendes a pagar. *Mas esse pensamento provoca em certas pessoas reflexões que é necessário deter, pois poderiam ter funestas consequências.* Alguns pensam que, do momento em que se está sobre a Terra para expiar, é preciso que as provas tenham seu curso. ... É um grande erro. Sim, vossas provas devem seguir o curso que Deus lhes traçou, *mas vós conheceis esse curso? Sabeis até que ponto elas devem ir*, e se vosso Pai misericordioso não disse ao sofrimento de tal ou tal de vossos irmãos: 'Não irás mais longe'? Sabeis se sua providência não vos escolheu, não como um instrumento de suplício para agravar os sofrimentos do culpado, mas como o bálsamo de consolação que deve cicatrizar as chagas que sua justiça tinha aberto? *Não digais, portanto, quando virdes um de vossos irmãos atingido:* 'É a justiça de Deus, é preciso que ela tenha seu curso'; mas dizei-vos, ao contrário: 'Vejamos quais meios nosso Pai misericordioso pôs em meu poder para abrandar o sofrimento do meu irmão. ... Vejamos mesmo se Deus não pôs em minhas mãos *o meio de fazer cessar esse sofrimento*; se não me foi dado, a mim como prova também, como expiação talvez, *deter o mal e substituí-lo pela paz*'. *Ajudai-vos, portanto, sempre em vossas provas respectivas*, e não vos olheis jamais como instrumentos de tortura; esse pensamento deve revoltar todo homem de coração, todo espírita, sobretudo; pois o espírita, melhor que todo outro, deve compreender a extensão infinita da bondade de Deus. O espírita deve pensar que sua vida inteira deve ser um ato de amor e de devotamento; que, o que quer que faça para contrariar as decisões do Senhor, sua justiça terá seu curso. Pode, portanto, sem temor, fazer *todos os seus esforços para abrandar a amargura da expiação*, mas é só Deus que pode detê-la ou prolongá-la conforme o julgue a propósito. Não haveria um *bem grande orgulho da parte do homem*, de se crer no direito de revolver, por assim dizer, a arma na chaga? De aumentar a dose de veneno no peito daquele que sofre, *sob pretexto de que tal é sua expiação?* Oh! *Olhai-vos sempre como um instrumento escolhido para fazê-la cessar*. Resumamo-nos aqui: vós estais sobre a Terra para expiar; *mas todos, sem exceção, deveis fazer todos os vossos esforços para abrandar a expiação dos vossos irmãos*, segundo a lei de amor e de caridade. (Allan Kardec, *Evangelho segundo o Espiritismo*, cap. V, nº 27.)

Assim, sobre a opinião descabida do correspondente argelino citada no texto (e encampada por muitos espíritas conservadores ainda hoje), geradora da crítica do artigo, temos toda a clareza doutrinária nesta afirmação conclusiva:

Certamente que, *por uma sábia organização social, podem-se aliviar bem os sofrimentos, e é ao que é preciso visar. ... Guardai-vos de ver, em todos os pobres, culpados em punição*; se a pobreza é para alguns uma expiação severa, para outros é uma prova que deve lhes abrir mais prontamente o santuário dos eleitos. ... Merecei *por vossas virtudes* que Deus só vos envie

> bons Espíritos, e, *de um inferno, vós fareis um paraíso terrestre*. (Allan Kardec, *Revista Espírita*, ago. 1861, Dissertações, "O pauperismo".)

Isso também responde ao péssimo adágio que se repete soberbamente aqui ou ali entre espíritas: "há injustiça no mundo, mas não injustiçados"; obviamente deduzido ou tirado de obras mediúnicas não controladas, significando que as injustiças do mundo são dirigidas exatamente "a quem as merece". A ser assim, ficariam justificados os abusos e as injustiças; mais ainda: equivaleria a defender que alguns têm missão de fazer o mal, sem os quais esse "justiçamento" cármico não se cumpriria e o mal do passado não "receberia o que merece". Pois bem! Tudo isso está em flagrante oposição à doutrina, que ensina, conforme acabamos de ler: *Nunca se diga que quem sofre o merece; nunca se pense que os pobres são culpados em punição! É preciso visar dirimir os sofrimentos, por meio de uma organização social mais sábia!* Eis o que ensina o Espiritismo!

Mesma coisa explica o filósofo J. Herculano Pires, tratando claramente os pobres como *injustiçados*, vítimas das concepções desviadas e dos abusos injustificáveis dos homens poderosos, e lembrando ainda a *responsabilidade de todos* para a mudança da sociedade, para "jogar fora" o que impede o Reino na Terra:

> *Os pobres são os injustiçados da Terra*. Os ricos são os que amealharam os bens da Terra e fizeram a *sua própria justiça*. O reino é do Céu, mas *o Jovem Carpinteiro o trouxe para a Terra*, a fim de que *a justiça se faça através do amor*. Como é difícil aos homens compreenderem essa dialética Divina! Há dois mil anos admiram a grandeza do Reino, desejam atingi-lo, mas *não jogam fora o fardo terreno que os impede de chegar a ele*. ... Os homens que amealharam fortuna da Terra amealharam egoísmo, injustiça e impiedade. *Os bens da natureza pertencem a todos, e os que transformam esses bens para produzir outros não podiam esquecer o dever da fraternidade. Como pode regozijar-se na opulência o homem que vê seus irmãos morrendo de fome, doença e miséria nas sarjetas da cidade ou nos paióis do campo?* "Mas ele pode auxiliar as obras sociais."... *Derrubar as migalhas* da mesa para os cachorrinhos e os gatos *não é amor nem justiça*. ... De que adianta-

ria anunciar a Boa Nova aos ricos que só tem ouvidos moucos para as coisas do Reino? Os *pobres sofrem, são injustiçados*, carecem de amor. Deus sabe que eles têm ouvidos de ouvir. A Boa Nova lhes toca o coração amargurado. (*O Reino*, cap. 2.)

Com assertividade, explica-nos o filósofo espírita Humberto Mariotti:

> *A reencarnação, ou lei palingenésica, não justificará jamais, como ainda se pretende, as desigualdades sociais.* A lei de causalidade espiritual ou existencial *não determina as formas de sociedade*, pois o destino individual do homem carece de força histórica para estabelecer um regime social baseado no sistema de propriedade privada. (*O homem e a sociedade numa nova civilização*, cap. XVI.)

Inclusive, é este sistema, baseado na propriedade privada, o capitalismo, como já vimos (ND3), que traz tantas desigualdades – desigualdades estas que, como nunca é demais reforçar, não vêm da vontade de Deus nem da natureza, mas do egoísmo e que vai desaparecer com ele, por trabalho nosso (*O Livro dos Espíritos*, n° 806).

Ensina a doutrina que há causas *atuais* e *anteriores* das aflições. Mas devemos atentar *primeiro para as causas atuais*, que formam, aliás, o maior contingente, apesar de nossa tendência a lançar a causa sobre fenômenos exteriores:

> As vicissitudes da vida são de duas sortes, ou, se se quiser, têm duas fontes bem diferentes que importa distinguir; umas *têm sua causa na vida presente*; outras, fora desta vida. ... O homem é, assim, *num grande número de casos*, o artesão de seus próprios infortúnios; mas, *em lugar de reconhecê-lo, acha mais simples, menos humilhante para sua vaidade acusar a sorte, a Providência, a sina desfavorável, sua má estrela, enquanto que sua má estrela está em sua incúria.* ... Os males dessa natureza formam seguramente um *muito notável contingente nas vicissitudes da vida*; o homem *os evitará quando trabalhar em sua melhoria moral tanto quanto em sua melhoria intelectual.* (Allan Kardec, *Evangelho segundo o Espiritismo*, cap. V, n° 4.)

Quanto às causas anteriores, elas não devem ser buscadas senão unicamente para problemas alheios a esta vida, a ponto de parecerem "fatalidades". Além disso, só cabe estas serem consideradas após se *exaurirem as possibilidades do presente* e após se *esgotarem todas as resoluções filosóficas imagináveis* para as causas atuais, como ensina a doutrina:

> Se há males dos quais o homem é a primeira causa nesta vida, há outros aos quais ele é, em aparência, pelo menos, *completamente estranho e que parecem atingi-lo como por fatalidade*. ... Problemas que *nenhuma filosofia pôde ainda resolver*, anomalias *que nenhuma religião pôde justificar*. (*Idem*, nº 6.)

Dessa forma, *não entram nessa classe* (das causas anteriores) *problemas de ordem social, política ou econômica*, pois esses problemas, insofismavelmente, *constituem causas atuais* de aflições. Além do mais, *eles são perfeitamente explicados por variadas filosofias* e ciências *sociais* e podem – melhor, *devem* – ser *resolvidos por nosso próprio esforço, individual e coletivo*. Por exemplo: assim como um assassinato é um mal causado nesta vida (visto que ninguém nasce com missão de fazer o mal a outrem, cf. *O Livro dos Espíritos*, nº 470), assim o "*assassinato moral*", que é de ordem social[36], também o é e, por isso, *deve ser resolvido o quanto antes por aqui, observando-se suas causas presentes*.

Tudo isso está *mais do que claro* nesta passagem de Kardec:

> *Está bem reconhecido que a maioria das misérias humanas tem a sua fonte no egoísmo dos homens*. Então, *desde que cada um pensa em si antes de pensar nos outros*, e quer a sua própria satisfação antes de tudo, cada um procura naturalmente se proporcionar essa satisfação a qualquer preço, e sacrifica sem escrúpulo os interesses de outrem, desde as menores coisas até as maiores, na ordem moral *como na ordem material*; *daí todos os antagonismos sociais, todas as lutas, todos os conflitos e todas as misérias, porque cada um quer despojar o seu vizinho*. (Allan Kardec, *Obras póstumas*, pt. I, "O egoísmo e o orgulho: suas causas, seus efeitos e os meios de destruí-los".)

Portanto, as causas das misérias, das lutas sociais e dos conflitos, em sua maioria, são atuais: são as más

[36] Explicado por Kardec no artigo sobre a "comuna de Kœnigsfeld" (*Revista*, jul. 1865), que trouxemos integralmente em ND17.

ações dos homens, que as engendram e reproduzem continuamente.

J. Herculano Pires mostra magistralmente as *causas atuais da pobreza* nas *injustiças e abusos da vida econômica vigente*:

> *Ai daquele que pretender empobrecer os homens e empobrecer a Terra.* ... O Reino é rico, mas *a riqueza do Reino* é abundante e *impessoal. O que faz a pobreza é a riqueza pessoal.* Há um caruncho da alma: o egoísmo. Esse caruncho destrói a maior riqueza do universo, que é o Espírito, quando *o homem se julga dono pessoal dos frutos da terra.* ... Que são *os bens*, se não os *frutos da Terra?* Maria previu, na sua intuição humana de mãe e na sua previsão divina de Espírito, *a redistribuição dos frutos da Terra para que o amor e a justiça do Reino triunfem entre os homens.* A árvore que lança suas raízes ao solo e estende seus ramos aos ventos *não dá frutos para este ou aquele, mas para todos.* ... *Que direito tem um homem de cercar uma árvore ou mais árvores, de torná-las suas escravas particulares, de arrebatar-lhes sistematicamente os frutos para transformá-los em riqueza pessoal?* Os frutos devem saciar a fome dos famintos, alimentar as crianças e fortalecê-las para o futuro. *A riqueza dos frutos é para todos.* A árvore é o gesto de Deus ensinando aos homens a *eterna doação.* Nada lhe pedem e ela *tudo dá.* ... *Os entesouradores pessoais organizam-se em associações, em trustes, em gigantescos monopólios.* Pegam os frutos das árvores, os frutos minerais das entranhas da terra, os frutos aquáticos dos rios e dos mares, sugam os lençóis subterrâneos e as misteriosas jazidas que os séculos formaram, *e de tudo isso fazem moedas ingênuas, doiradas ou prateadas, cintilantes de pureza, que transformam em instrumentos de suplício e de vício. Os entesouradores pessoais se associam contra os pobres, dominam nações e povos, exploram multidões e se consideram benfeitores da humanidade.* Graças *ao poder do dinheiro acumulado*, ... que *em suas mãos se transforma em lâminas do punhal assassino, derrubam governos, subvertem regimes, tripudiam sobre o direito das gentes.* Mas um dia alguém vem demandar-lhes a alma néscia e apagar-lhes das gerações *a odiosa memória, o exemplo corruptor.* (J. Herculano Pires, *O Reino*, cap. 3.)

Ver ainda, para mais causas atuais das desigualdades, que estão identificadas e devem ser combatidas, a nota ND3.

Deturpações ou incompreensões doutrinárias como a do correspondente argelino, respondidas pelo autor do artigo, produzem outras, como a de que as *distinções sociais*, os *nascimentos em diferentes classes*, prendem-se a uma pretensa lei do "carma"... Erros crassos como este, vinculados à ideia de reencarnação, é que originaram, por exemplo, as sociedades de *castas*. Supõe-se que quem nasce em determinada classe (rica, média ou pobre e seus entornos) nessas sociedades mereceu isso de outra vida e, como "justiça divina", não deve reclamar; tampouco deve-se tentar mudar esse panorama; daí, resulta tristemente que se perpetuam as castas.

Ora, "castas" há em toda parte onde grassa a desigualdade social, a estratificação social (decerto, bem poucos lugares hoje se salvam dessa configuração). As pirâmides socioeconômicas, cada vez mais altas, pontiagudas e de base larga no capitalismo neoliberal, independentemente da região, da cultura ou da maior ou menor "mobilidade" estamental, são alvo da mesma crítica geral lançada pela doutrina. *No fundo, toda acepção de pessoas, toda discriminação, é contrária ao ensinamento espírita*, portanto, não pode ser derivada dele. Nele, só se distinguem os Espíritos por sua elevação moral *na escala espírita* – que é exclusivamente moral e que nos escapa, em grande parte, quando os Espíritos estão encarnados –; escala esta que é, na atual etapa do progresso humano, geralmente inversa à posição social: "*As posições entre homens* estão, *frequentemente*, na *razão inversa* da elevação dos sentimentos *morais. Herodes era rei*, e *Jesus*, *carpinteiro*" (Allan Kardec, *O Livro dos Espíritos*, nº 194). No geral, constata-se que é "*entre essas classes* [esclarecidas e instruídas] que se encontram os indivíduos *mais incrédulos, os mais rebeldes e os mais imorais*." (*Livro dos Médiuns*, pt. II, cap. XIX, nº 225.)

Vendo nas "castas", ou na opressão, nas desigualdades e discriminações sob qualquer forma, e ainda mais nas pretensas justificativas "cármicas" a elas, nada além de *orgulho, anomalia e estupidez*, o Espiritismo abomina por completo esse pensamento, em todas as obras de Allan Kardec, das quais citamos alguns passos:

> *Destruindo os preconceitos de seitas, de castas e de cores*, [o Espiritismo] ensina aos homens *a grande solidariedade que deve uni-los como irmãos.* (Allan Kardec, *O Livro dos Espíritos*, nº 799.)
>
> ... Os bons Espíritos inspiram a caridade e a benevolência por *todos*; ensinam aos homens a se olharem como *irmãos, sem distinção de castas* nem de seitas. (Allan Kardec, *Revista Espírita*, out. 1865, "Os irmãos Davenport".)
>
> Que teria respondido um grande senhor do tempo de Luís XIV, se lhe tivessem dito que podia haver *uma ordem de coisas melhor, mais equitativa, mais humana* do que a de então? Que *esse regime mais equitativo seria a abolição dos privilégios de castas.* ... Venho, pois, em nome deles [dos bons Espíritos], recordar-vos a *prática da grande lei de amor e de fraternidade que deve em breve reger o mundo e nele fazer reinar a paz e a concórdia* sob o estandarte da caridade *por todos, sem acepção de seitas, de castas nem de cores.* (Allan Kardec, *Viagem espírita em 1862*, Discursos, nº III.)
>
> *O Espiritismo*, restituindo ao Espírito seu verdadeiro papel na criação, constatando a superioridade da inteligência sobre a matéria, *apaga naturalmente todas as distinções estabelecidas entre os homens segundo as vantagens corporais e mundanas, sobre as quais só o orgulho fundou as castas e os estúpidos preconceitos de cor.* O Espiritismo, alargando o círculo da família pela pluralidade das existências, *estabelece entre os homens uma fraternidade mais racional* do que aquela que tem por base apenas os laços frágeis da matéria, pois estes laços são perecíveis, enquanto que os do Espírito são eternos. Esses laços, uma vez bem compreendidos, influirão, pela força das coisas, *sobre as relações sociais,* e, mais tarde, *sobre a legislação social, que tomará por base as leis imutáveis* de amor e de caridade; então se verá *desaparecer essas anomalias* que chocam os homens de bom-senso, como as leis da Idade Média chocam os homens de hoje. (Allan Kardec, *Revista Espírita*, out. 1861, "Discurso do Sr. Allan Kardec".)

Nessa linha de raciocínio, discorre sinteticamente o espírita brasileiro Richard Simonetti, em texto intitulado "Mobilização", fazendo ver o engano em que caem aqueles que se valem das "provas e expiações" para manter o mundo como está:

> O princípio da reencarnação inspira a muitos companheiros a impressão de que, se estamos todos resgatando dívidas cármicas e se cada indivíduo se movimenta em faixa evolutiva própria, com suas tendências e necessidades, não será lícito pretender grandes mudanças, o que, hipoteticamente, somente ocorrerá quando a Terra for promovida na sociedade dos mundos, deixando a condição de planeta de expiação e provas. Isto equivale a dizer que *os males do mundo são obra de Deus*, o que está fundamentalmente errado. *Eles são produzidos pelo homem, que, com suas ambições, sua incúria, seus preconceitos, gera os desníveis sociais, as crises econômicas, as guerras destruidoras, a crônica infelicidade*. ... É preciso mobilizar os homens pela palavra e pelo exemplo, demonstrando ser indispensável estabelecer elos de solidariedade entre os componentes da sociedade, a fim de que possamos, efetivamente, *superar as misérias da Terra*. ... Os *bolsões de miséria* crescem em toda parte, como mato insidioso, *gerado por injustiças sociais*. Dali sai a grande maioria dos crimes, dos roubos, dos assassinatos, das prostituições, males que assolam a sociedade. ... A vida em sociedade implica em responsabilidades, a começar pela mais elementar: trabalhar *pelo bem comum*, ideal inatingível *enquanto considerável parcela da sociedade estiver marginalizada* pela enfermidade, pela penúria, por problemas de comportamento. Há dois mil anos, o Cristo deixou *na Terra* os fundamentos do *Reino de Deus*. ... Um dia, todos compreenderemos que a vida vem de Deus, mas *a qualidade de vida vem do homem*. O Cristo mostra-nos o caminho, mas não pode caminhar por nós. Oferecendo-nos orientação e exemplo, o Mestre deixou bem claro que o serviço da redenção humana, de *erradicação do mal, da miséria, do infortúnio, é trabalho impostergável de todos os homens*. (Richard Simonetti, *A constituição divina*, cap. "Mobilização".)

No mundo regenerado, que é o Reino na Terra, *não haverá mais pauperismo*, isto é, a pobreza sistêmica, fruto da má organização social:

> ... Se [os preceitos de Jesus] fossem seguidos aqui embaixo, seríeis todos perfeitos: nada mais de ódios, nada mais de dissensões; *direi mais ainda: nada mais de pobreza*, pois, do supérfluo da mesa de cada rico, muitos pobres se nutririam, *e não veríeis mais*, nos sombrios

> bairros que habitei durante minha última encarnação, *pobres mulheres arrastando perto de si miseráveis crianças a quem falta tudo*. (Allan Kardec, *Evangelho segundo o Espiritismo*, cap. XIII, nº 9.)
>
> Sim, o fim do mundo está próximo;... mas, de qual mundo é o fim? *Será o fim* do mundo da superstição, *do despotismo*, *dos abusos* entretidos pela ignorância, pela malevolência e pela hipocrisia; *será o fim do mundo* egoísta e orgulhoso, *do pauperismo*, de tudo o que é vil e rebaixa o homem; numa palavra, de todos os sentimentos baixos e cúpidos que são o triste apanágio de vosso mundo. (Allan Kardec, *Revista Espírita*, abr. 1868, "O fim do mundo em 1911".)

Sim, está nítido: o fim do *mundo do pauperismo*.

Retomando o que lemos há pouco, vemos a solução para tudo isso na melhoria da organização social:

> Certamente que, *por uma sábia organização social, podem-se aliviar bem os sofrimentos, e é ao que é preciso visar*. ... Merecei *por vossas virtudes* que Deus só vos envie bons Espíritos, e, *de um inferno, vós fareis um paraíso terrestre*. (Allan Kardec, *Revista Espírita*, ago. 1861, Dissertações, "O pauperismo".)

De tudo isso, conclui-se, inescapavelmente, que *não estamos autorizados a reproduzir a injustiça humana a pretexto de realizar justiça divina*.

ND28 – Assim, como já tivemos oportunidade de mencionar (mas nunca é demais), lê-se em Allan Kardec:

> A *beneficência* não é senão *um modo* de emprego da fortuna; ela alivia a miséria atual; ... mas *um dever igualmente imperioso*, igualmente meritório, consiste em *prevenir a miséria*. (Allan Kardec, *Evangelho segundo o Espiritismo*, cap. XVI, nº 13.)

A segurança da vida (no sentido mesmo de *vida assegurada* a todos) é *dever da sociedade*:

> Numa sociedade baseada sobre a lei de Deus e a justiça, *deve-se prover a vida do fraco* sem humilhação para ele. *Ela [a sociedade] deve assegurar a existência* daqueles que não podem trabalhar, *sem deixar sua vida à mercê do acaso e da boa vontade*. (Allan Kardec, *O Livro dos Espíritos*, nº 888.).
>
> "Numa *sociedade organizada segundo a lei do Cristo,*

ninguém deve morrer de fome." Com uma *organização social* sábia e previdente, *ao homem* não pode *faltar o necessário*, senão por sua falta; mas suas faltas mesmas frequentemente são o resultado do meio em que ele se encontra colocado. Quando o homem praticar a lei de Deus, terá *uma ordem social fundada sobre a justiça e a solidariedade*, e ele mesmo também será melhor. (Allan Kardec, *O Livro dos Espíritos*, n° 930.)

ND29 – A preparação desse advento é tratada nas obras de Allan Kardec:

> Quando todos *os homens compreenderem o Espiritismo*, compreenderão a *verdadeira solidariedade* e, em consequência, a verdadeira fraternidade. A solidariedade e a fraternidade não serão deveres de circunstância que se pregam, bem frequentemente, mais em seu próprio interesse do que no de outrem. O *reino da solidariedade e da fraternidade será forçosamente o da justiça para todos*, e o *reino da justiça será o da paz e da harmonia* entre os indivíduos, as famílias, os povos e as raças. *A isso se chegará? Duvidar seria negar o progresso*. (Allan Kardec, *Obras Póstumas*, pt. I, "Questões e problemas: expiações coletivas", § 9.)

Esse Reino prometido é, no fundo, a *utopia cristã e espírita*; não, porém, uma utopia quimérica, impossível, tantas vezes repelida pela doutrina, mas, antes, é verdadeiramente *a utopia espírita e cristã realizável*, como está dito:

> Em tese geral, pode-se afirmar que *a felicidade é uma utopia* à perseguição da qual as gerações se lançam sucessivamente sem poder jamais atingi-la; pois, se o homem sábio é uma raridade aqui embaixo, o homem absolutamente feliz aí não se encontra mais. ... No entanto, não deduzais de minhas palavras que *a Terra* esteja dedicada para sempre a uma destinação penitenciária; não, certamente! Porque, dos progressos realizados, podeis deduzir facilmente os progressos futuros, e, *das melhorias sociais conquistadas, novas e mais fecundas melhorias*. Tal é a tarefa imensa que *deve realizar a nova doutrina que os Espíritos vos revelaram*. ... À obra, pois, meus bem-amados filhos! Que ... todos os vossos corações aspirem a este objetivo grandioso de *preparar às novas gerações um mundo em que a felicidade não será mais uma palavra vã*. (Allan Kardec, *Evangelho segundo o Espiritismo*, cap. V, n° 20.)

Aí vemos, então, por efeito do cumprimento da tarefa humana de melhorar o social, a felicidade passar de *utopia* (como ela nos aparece hoje) para *realidade* nesta Terra!

ND30 – Este é um corolário da excelente conclusão que se tira das passagens mencionadas em ND5. A sociedade não deve exigir a santidade das pessoas, dificultando-lhes propositalmente a vida a pretexto de lhe fornecer "provação" ou "carma", exigindo, com isso, uma "resignação para os outros". E, de fato, essa dificultação é sempre "para os outros", visto que aqueles que se valem do "carma" e da provação para justificar a manutenção do sofrimento dos outros sempre consideram que estes o "mereceram" e que devem, por isso, "exercitar a resignação"; mas, quando dores semelhantes caem sobre si mesmos, acham dura injustiça... O que há é uma *falta* clara contra o princípio máximo: "Fazei aos outros o que quereríeis que se vos fizesse" (*Mateus* 7:12); portanto, *orgulho e egoísmo*. Assim, como afirma este *post scriptum*, certamente, todo raciocínio sobre as injustiças sociais que tenha como conclusão: "*resignação para os outros*", não pode ser doutrinariamente válido. O que é mais racional e benévolo, portanto, é resolver os problemas econômicos e sociais, tanto *para os outros* quanto *para si*, o que se faz buscando uma sociedade mais justa: a *justiça social*. Esta é assim definida, em termos espíritas:

> Justiça social é o *processo* e, ao mesmo tempo, o *resultado* – depois de vencidas resistências – do *atendimento, pela Estrutura Social, das necessidades materiais e/ou espirituais* que emergem em sucessivas épocas histórico-espirituais de uma *sociedade* em evolução, restando *superadas a questão social* correlativa, *assegurando*, assim, a continuidade do desenvolvimento espiritual *da coletividade até o surgimento de novas necessidades pertinentes à época seguinte, e assim por diante*. (Ney Lobo, *Estudos de filosofia social espírita*, cap. 11, p. 220.)

ND31 – Este é ainda outro corolário da ND5, onde lemos exatamente isso em Kardec. Reconhecendo que vamos retornar ao mundo outras vezes, pela reencarnação, importa não apenas nos tornarmos *individualmente* melhores, mas devemos também mudar *o meio* em que vivemos, que fomenta o mal em nossa volta (como se lê na nota

ND16) – inclusive para nosso próprio bem, se o bem dos outros não bastasse. Porém, pelo ensinamento espírita, só o bem de outrem já é motivo de sobra para *desejarmos* e *agirmos em prol do bem-estar de todos, isto é, do bem comum*. A preocupação com a transformação individual (a chamada "reforma íntima") é, sob este olhar doutrinário, não o objetivo final de cada um de nós, mas *apenas um aliado bem-vindo* para a *regeneração maior, social*. E a tal "reforma íntima" pode ladear até mesmo o egoísmo, num "oásis de indiferentismo" (conforme ND2).

Reforcemos – como dissemos em ND2, ND12, ND15, ND16 – que a transformação sociopolítica *não é um resultado automático* da melhoria dos indivíduos: *as leis, as instituições, não mudam sozinhas* (no máximo, mudá-las se torna mais fácil na medida em que mais pessoas estiverem melhores). É preciso, para mudar leis e instituições, *além do esforço pela melhoria pessoal*, um *segundo esforço*, outra série de ações, a saber: *propor*, *discutir*, *instituir*, *referendar*, *implementar as melhorias sociais*, por parte da coletividade, ou, ao menos, por parte da sua parcela *bem disposta e mobilizada* pela defesa da *justiça social* (ND16, ND17, ND30). Essa parcela bem disposta não precisa aguardar que *todos* os homens, até o último encarnado da Terra, desejem mudanças sociais para que elas sejam implementadas (sob pretexto de evitar "impor as mudanças à força"), pois a "boa política" deve ser feita *em busca da hegemonia*, arrastando os atrasados pela *opinião geral tornada preponderante, num movimento ativo* de propagação, de educação, pelos meios disponíveis, como explica Kardec:

> Mais vale *abrir os olhos a cem cegos que desejam ver claro*, do que a um só que se compraz na obscuridade, porque é aumentar o número de sustentos da causa em maior proporção. Deixar os outros tranquilos não é a indiferença, mas *a boa política*; sua vez virá quando *estiverem dominados pela opinião geral, e ouvirem a mesma coisa, sem cessar, repetida em torno deles*; então crerão aceitar a ideia voluntariamente e por si mesmos *e não sob a pressão de um indivíduo*. Depois, dá-se com as ideias como com as sementes: elas não podem germinar antes da estação, e somente *num terreno preparado*. (Allan Kardec, *Evangelho segundo o Espiritismo*, cap. XXIV, nº 10.)

Deve-se, portanto, constantemente *agir*, *propagar*, *educar as massas*, *reformar as leis e instituições* dentro de todas as oportunidades surgidas ou criadas, para que aqueles que aqui se encarnem recebam sempre *nova instrução*, *melhorada*, *voltada para a transformação*, *repleta de ideias progressistas* e desprendida das conservadoras/retrógradas; quer dizer: é preciso *preparar o terreno*, e isso se faz pela *ação social, política*. Então, quando o número de pessoas bem dispostas à transformação social se tornar majoritário, *as leis serão feitas por elas* e o progresso do mundo seguirá para a próxima fase. Na explicação de Kardec, assim ocorre:

> No estado atual de coisas, os maus estão em maioria e eles fazem a lei aos bons; suponhamos que uma circunstância leve à conversão de 50 [por cento] médios, *os bons estarão em maioria e farão a lei a seu turno*; sobre os 25 outros francamente maus, *muitos sofrerão a influência*, e *não restará senão alguns incorrigíveis* sem preponderância. Tomemos um exemplo para comparação: Há povos nos quais o assassínio e o roubo são o estado normal; o bem neles faz exceção. Nos *povos mais avançados* e *melhor governados* da Europa, o crime é a exceção; *perseguido pelas leis, ele é sem influência sobre a sociedade*. (Allan Kardec, *Obras Póstumas*, pt. I, "As aristocracias", § 16.)

Há, portanto, que *contar com a restrição aos abusos trazida pelas novas leis, mais justas, feitas pela parte bem disposta*, em superação à parte barulhenta conservadora do *status quo*, de maneira que esta última seja *influenciada* pela educação e pela vivência da moral fraternal regeneradora. Como negar, por exemplo, a importância da lei que criminaliza o racismo? Efetivamente, é importantíssima. Ainda que a lei nova, em si, não "arranque" o racismo "de dentro" das pessoas, ela, por outro lado, *força a repensar, a não manifestar, a reeducar o comportamento para com o próximo, a cogitar as razões da lei, habituando a tirar o mau pensamento quando ele surge - em vez de lhe dar vazão irrestrita* –, contribuindo, dessa forma, com a melhoria do indivíduo racista, pouco a pouco, e, assim, do racismo espraiado como um todo. Uma lei melhor também é *pedagoga* (como reconhece Paulo, em *Gálatas* 3:24, Platão e a doutrina espírita). *Toda lei para o bem geral tem essa prerrogativa. O meio melhor*, que recebe suas feições de leis e instituições melhores, como vimos, *melhora os indivíduos* (cf. ND16). Allan Kardec explica ainda mais esse processo:

> Tudo está submetido à lei do progresso; os mundos também progridem fisicamente e moralmente; mas, *se a transformação da humanidade deve esperar o resultado da melhoria individual, se nenhuma causa vem apressar essa transformação, quantos séculos, quantos milhares de anos não serão necessários ainda?* A Terra tendo chegado a uma de suas fases progressivas, basta que não seja mais permitido aos Espíritos atrasados nela se encarnarem, e que, na medida das extinções, *Espíritos mais avançados venham tomar o lugar dos que partem*, para que, em uma ou duas gerações, *o caráter geral da humanidade seja mudado*. (Allan Kardec, *Revista Espírita*, jul. 1865, "Estudos morais: A comuna de Kœnigsfeld, o mundo futuro em miniatura".)

Portanto, se aguardarmos até o último retardatário da Terra desejar o progresso do mundo para tentar qualquer melhoria social, o processo se delongará indefinidamente, *e esse atraso, resultado da omissão, bem como todo o sofrimento por ele gerado, é responsabilidade nossa*.

Ora, esses "Espíritos mais avançados" que fazem a transformação da humanidade não precisam ser outros, *podem ser nós mesmos*:

> Que os Espíritos da nova geração sejam novos Espíritos melhores, *ou os antigos Espíritos melhorados, o resultado é o mesmo*; desde o instante em que *trazem melhores disposições, é sempre uma renovação*. Os Espíritos encarnados formam, assim, duas categorias, segundo suas disposições naturais: de um lado, os *Espíritos retardatários* que partem, do outro, os *Espíritos progressivos* que chegam [que encarnam, como nós]. *O estado dos costumes e da sociedade estará*, portanto, num povo, numa raça ou *no mundo inteiro*, na razão daquela das duas categorias *que tiver a preponderância*. (Allan Kardec, *A Gênese*, cap. XVIII, nº 30.)

E:

> Os que voltam então não são sempre outros Espíritos, mas *frequentemente os mesmos Espíritos* pensando e sentindo diversamente. (Allan Kardec, *Revista Espírita*, out. 1866, "Instruções dos Espíritos sobre a regeneração da humanidade".)

Enfim, não há necessidade de essa *maioria boa* estar numa categoria de "santidade" para isso acontecer, basta unicamente ter a *boa disposição* para *participar da mudança* do estado de coisas, do *status quo*:

> [*A nova geração*] não se comporá tão só de Espíritos eminentemente superiores, mas de Espíritos que, já tendo progredido, *estão predispostos a assimilar as ideias progressistas e aptos a secundar o movimento regenerador*. (Allan Kardec, *A Gênese*, cap. XVIII, nº 28".)

Esta é a proposta de transformação oferecida pela doutrina; no entanto, enquanto se atrasar a chegada ao objetivo, revoluções e convulsões sociais podem ser esperadas, sempre com resultado progressivo, como ensinam os Espíritos (nota ND9).

Mensagem final do tradutor

Mantenhamos vivas as passagens que apusemos na Apresentação deste volume, sobre a revolução regeneradora da Terra oportunizada pelo Espiritismo, em consonância com este brilhante ensinamento presente na obra de Allan Kardec:

> Demonstrando a ação do elemento espiritual sobre o mundo material, ele [o Espiritismo] alarga o domínio da ciência e abre, por isso mesmo, *uma nova via ao progresso material*. O homem então terá uma base sólida para o *estabelecimento da ordem moral sobre a Terra*; ele compreenderá melhor a *solidariedade que existe entre os seres deste mundo*, uma vez que essa solidariedade se perpetua indefinidamente; a *fraternidade* deixa de ser uma vã palavra; ela *mata o egoísmo*, em lugar de ser morta por ele, e muito naturalmente o homem, imbuído destas ideias, *a elas conformará suas leis e suas instituições sociais. O Espiritismo conduz inevitavelmente a essa reforma*; assim se realizará, pela força das coisas, a revolução moral que deve transformar a humanidade e *mudar a face do mundo*. (*Revista Espírita*, nov. 1864, "O Espiritismo é uma ciência positiva".)

É demasiado necessário que os espíritas voltem sua atenção, seus estudos, suas reflexões e análises para os textos fundamentais – os de Allan Kardec – e as obras filosóficas que os detalham e aplicam a diversos contextos, como as de Léon Denis, Maurice Lachâtre, J. Herculano Pires, entre outras mais recentes listadas na bibliografia. Tendo em vista essa necessidade, pode-se trazer à memória a crítica certeira do professor J. Herculano Pires sobre os rumos deprimentes que o movimento espírita vinha tomando:

> Depois de [Léon] Denis, foi o dilúvio. A *Revista Espírita* virou um saco de gatos. A Sociedade Parisiense naufragou em águas turvas. A Ciência e a Filosofia Espíritas ficaram esquecidas. O aspecto religioso da doutrina transviou-se na ignorância e no fanatismo. Os sucessores de Kardec fracassaram inteiramente na manutenção da chama espírita, na França. E, quando a Árvore do Evangelho foi transplantada para o Brasil, segundo a expressão de Humberto de Campos, veio *carregada de parasitas mortais* que, *ao invés de extirpar, tratamos de cultivar e aumentar* com as pragas da terra. Tudo isso por quê? *Por falta pura e simples de formação doutrinária*. A prova está aí, bem visível, no *fluidismo* e no obscurantismo que dominam o nosso movimento no Brasil e no mundo. Os poucos estudiosos, que se aprofundaram no estudo de Kardec, vivem como náufragos num mar tempestuoso, lutando, sem cessar, com os mesmos destroços de sempre. Não há estudo sistemático e sério da doutrina. E o que é mais grave, *há evidente sintoma de fascinação das trevas, em vastos setores representativos* que, por incrível que pareça, combatem por todos os meios o desenvolvimento da cultura espírita. ... [O bom-senso] parece ter se desencarnado com Kardec e volatizado com Denis. *Hoje, estamos na era do contrassenso*. Os mesmos órgãos de divulgação doutrinária que pregam o obscurantismo exibem pavoneios de erudição personalista, em nome de uma cultura inexistente. (J. Herculano Pires, *O mistério do bem e do mal*", cap. 41.)

Esse quadro é tanto mais grave quando se trata de compreender a *doutrina social do Espiritismo*.

Obras romanceadas ou mediúnicas, que evidentemente não passaram pelo *controle universal do ensino dos Espíritos*[37], *não têm autoridade doutrinária* e, em geral, *restringem o alcance* da mensagem espírita transformadora da humanidade, pois que costumam focar exclusivamente no "íntimo", quando não produzem real *desinformação* e chegam a *afastar ou negar o aspecto sociopolítico* da doutrina. Os argumentos, os raciocínios apresentados pelos pensadores sociais espíritas são, muitas vezes, contestados com obras mediúnicas sem controle e tomadas dogmaticamente, como se elas pudessem suplantar ou mesmo se igualar em valor a qualquer raciocínio filosófico oriundo

[37] Allan Kardec, *Evangelho segundo o Espiritismo*, introdução, II.

do livre pensar espírita, fundado nas comunicações examinadas. Como se pode constatar, essas obras têm um *apelo propositalmente dogmático* ao público – frequentemente leigo – a que se dirigem, o que *dificulta exponencialmente o questionamento e a retomada dos alcances e objetivos da doutrina* nas mentes dos leitores, que acabam venerando os médiuns e guias espirituais (o que está sempre em desacordo com a metodologia espírita). Observa-se que grande parte da literatura mediúnica posterior não examinada é mais caracterizada por um tipo de auto-ajuda emoldurada em termos orientais mesclados com *new age*, uma espécie de *coach* espiritualista, pontuada por um fatalismo do futuro (que conta com várias datas marcadas), muito desviada em direção a um "psicologismo" *intra*-pessoal, resilienciador e quase completamente desmobilizador. Por isso, não as adotamos como bibliografia autorizada, nem as recomendamos, senão para exame após a compreensão do pensamento filosófico espírita respaldado na codificação[38]. *Tornemos a estudar e divulgar aquilo que diz a doutrina sobre política, nas obras fundamentais de Allan Kardec,* e não caiamos em confusão, fé cega e falácias que nos levem à fuga, à abstenção política, tristes atitudes anti-espíritas. *Assim também importa estudar os clássicos Léon Denis, Maurice Lachâtre, Anna Blackwell, Cosme Mariño, Humberto Mariotti, J. Herculano Pires etc.*, observando que esses autores não são citados aleatoriamente: são autênticos espíritas da primeira hora e/ou filósofos comprometidos com os fundamentos doutrinários contidos nas obras de Kardec. Esses, como outros tantos autores espíritas progressistas atuais, precisam ter seu merecido destaque em nossos estudos e palestras, por cima da "avalanche mediúnica" (que é, repetimos, sem exame, dogmatizante, desmobilizadora, conservadora, intimista, fatalista e geralmente em contradição com as bases doutrinárias) que abarrota as livrarias.

Muitas obras mediúnicas efetivamente *atrasam a regeneração social* pela via espírita, como ensina Allan Kardec:

> Os falsos profetas não estão somente entre os encarnados; eles estão também, e em bem maior número, entre os Espíritos orgulhosos que, sob falsos semblantes de

[38] "As obras de Kardec são a única fonte verdadeira do saber espírita. Quem não ler e estudar essas obras com humildade e com vontade legítima de aprender não conhece o Espiritismo." (J. Herculano Pires, *O mistério do bem e do mal*, cap. 36.)

> amor e de caridade, semeiam a desunião e *retardam a obra emancipadora da humanidade*, lançando de través seus sistemas absurdos que fazem aceitar por seus médiuns; e, para melhor fascinarem aqueles de que querem abusar, para darem mais peso às suas teorias, enfeitam-se, sem escrúpulo, de nomes que os homens só pronunciam com respeito. (Allan Kardec, *Livro dos Médiuns*, pt. II, cap. XXXI, nº XXVIII.)

Todo exame é pouco: muito conservadorismo, conformismo e fanatismo é destilado na chamada "literatura mediúnica" brasileira, que tem feito o lastimável papel de retrancar a eminente "obra emancipadora da humanidade", a regeneração social nos meios espíritas. *Em Espiritismo, crítica, instrução, evolução, transformação social, consolação e felicidade andam juntas.*

A politização do espírita, para formação de um mundo melhor, é de necessidade extremada. É uma demanda dos tempos. Politizar, isto é, pensar em termos de comunidade, da *pólis* (e não individualmente) capacita a criar direitos necessários e abolir privilégios, a melhorar a organização social para o bem geral; o que, evidentemente, implica em deveres. Significa pensar na *justiça social*, no *acolhimento dos vulneráveis*, nas *garantias a todos*, como comentamos ao longo das abundantes notas doutrinárias deste volume.

Os grupos, centros, as federações e instituições espíritas em geral devem ter a responsabilidade de *não negligenciar as propostas e os objetivos globais, estruturais, do Espiritismo para a sociedade*; cabe-lhes expor, ensinar, divulgar incessantemente as *motivações e as configurações sociais* que renovarão a economia e a política do planeta, pelas indicações dadas na doutrina. Ora, da mesma maneira que são produzidas, por representações espíritas, "cartilhas" doutrinárias relativas à *conduta individual* (drogas, casamento, aborto, suicídio, etc.), *importa fazer o mesmo sobre assuntos ligados à estrutura da sociedade* (causas da pobreza e miséria, fim da desigualdade social, emancipação da mulher; contra o racismo, os preconceitos, a exploração do trabalho; pela previdência ou seguridade social, pelo socialismo etc.), a fim de instruir e orientar a ação social dos espíritas. *Sem visar esse objetivo, o Espiritismo atrasará indefinidamente a realização da sua tarefa providencial regeneradora da Terra, emancipadora da humanidade.*

Todo espírita é chamado a estudar e levar adiante a *crítica social e o projeto sociopolítico da doutrina.* Também *mobilizar os confrades*; além de *engrossar as fileiras dos que, não sendo espíritas, já nos anteciparam nesse movimento*, somando esforços para que os ideais convergentes encontrem sua realização na *mudança do mundo em direção à fraternidade. Mudança esta que deve ser em benefício moral e material de todos, resultante do trabalho conjunto sobre as leis, as instituições e a estrutura social.*

Esse é o esforço que nos cabe; é o que fará o Reino na Terra. É o que anunciavam os profetas, é o que predicava o Cristo, é o que idealizavam os filósofos, é o que realiza o Espiritismo. O grande *Evangelho* (isto é, a "*Boa Nova*", Mateus 24:14) *não é outra "notícia" senão a da vinda do Reino entre* nós, quando a *vontade de Deus for feita por nós na Terra*, como é no céu, e *todos nós tivermos assegurado o* pão de cada dia, segundo pedimos em cada "Pai Nosso".

> *Estamos no momento da transição*; assistimos à partida dos antigos, e à chegada dos novos que vêm *fundar a nova ordem de coisas*, quer dizer, o *reino da justiça e da caridade* que é o verdadeiro *reino de Deus predito pelos profetas, e do qual o Espiritismo vem preparar as vias.*
> (Allan Kardec, *Viagem espírita em 1862*, Discursos, III.)

Bibliografia utilizada nas Notas Doutrinárias

ABBAGNANO, Nicola. *Dicionário de filosofia*. 5.ed. Trad. Alfredo Bosi. São Paulo: Martins Fontes, 2007.

ADAMS, Ian; DYSON, R. W. *Cinquenta pensadores políticos essenciais*: da Grécia antiga aos dias atuais. Trad. Mario Pontes. Rio de Janeiro: Difel, 2006.

ALEIXO, Sérgio F. *O primado de Kardec*: metodologia espírita e cisma rustenista. Rio de Janeiro: ADE-RJ, 2011.

__________ *Que Espiritismo é o nosso?* Ensaios da hora extrema. Vol. 1. 2.ed. Rio de Janeiro. Disponível em: <http://sergioaleixo.blogspot.com.br>. 25 mai. 2019. Consulta em: 06 mai. 2021.

ARISTÓTELES. *Política*. Trad. Maria Aparecida de Oliveira Silva. São Paulo: Edipro, 2019.

BÍBLIA de Jerusalém: nova edição, revista e ampliada. Coord. Gilberto da Silva Gorgulho, Ivo Storniolo, Ana Flora Anderson. (Especialmente Êxodo, *Deuteronômio*, *Eclesiastes*, *Isaías*, *Ezequiel*, *Amós*, *Miqueias*, *Oseias*, *Marcos*, *Lucas*, *Atos*, *Tiago*, *Apocalipse*.) São Paulo: Paulus, 2002.

BOBBIO, Norberto; MATTEUCI, Nicola; PASQUINO, Gianfranco. *Dicionário de política*. 2 vol. 11.ed. Trad. João Ferreira. Brasília: UnB, 1998.

BURNS, Edward McNall. *História da civilização ocidental*. 2 vol. 3.ed. Trad. Lourival Gomes Machado, Lourdes Santos Machado, Leonel Vallandro. Porto Alegre: Globo, 1975.

COMPAGNONI, Francesco; PIANA, Giannino; PRIVITERA, Salvatore. (Dir.) *Dicionário de teologia moral*. Trad. Lourenço Costa, Isabel F. L. Ferreira, Honório Dalbosco. São Paulo: Paulus, 1997.

DENIS, Léon. *Depois da morte*. 3.ed. Trad. Maria Lúcia Alcântara de Carvalho. Rio de Janeiro: Celd, 2010.

__________ *O progresso* (1880). 2.ed. Trad. José Jorge. Rio de Janeiro: Celd, 2005.

__________ *Síntese espiritualista doutrinal e prática* (1920). Trad. Luiz Gustavo Oliveira dos Santos. Limeira, SP: Editora do Conhecimento, 2021.

__________ *Socialismo e espiritismo* (1924). Trad. Luiz Gustavo Oliveira dos Santos. Limeira, SP: Editora do Conhecimento, 2018.

__________ *Socialismo e espiritismo* (1924). 2.ed. Trad. Wallace Leal V. Rodrigues. Prefácio de Dr. Freitas Nobre. Matão, SP: O Clarim, 1987.

JOLY, H. *Revue Spirite*: journal d'études psychologiques [*Revista Espírita*: jornal de estudos psicológicos]. Vol. 20. Paris: Société Anonyme, 1877.

KANT, Immanuel. *Resposta à pergunta: Que é o Iluminismo?* In *A paz perpétua e outros opúsculos*. Trad. Artur Morão. Lisboa: Edições 70, 2004.

KARDEC, Allan[39]. *L'Évangile selon le Spiritisme* [*O Evangelho segundo o Espiritismo*]. 4.ed. Paris: Ledoyen, Dentu, Henri, 1868.

__________ *La Genèse*: les miracles et les predictions selon le Spiritisme [*A Gênese*: os milagres e as predições segundo o Espiritismo]. 4.ed. Paris: Librairie Internationale, 1868.

__________ *La Genèse*: les miracles et les predictions selon le Spiritisme [*A Gênese*: os milagres e as predições segundo o Espiritismo]. 5.ed. Paris: Librairie Spirite, s/d [1872].

__________ *Le Ciel et l'Enfer*: *ou la justice divine selon le Spiritisme* [*O Céu e o Inferno*: ou a justiça divina segundo o Espiritismo]. Paris: Ledoyen, Dentu, Fréd. Henri, 1865.

__________ *Le Livre des Esprits*: philosophie spiritualiste [*O Livro dos Espíritos*: filosofia espiritualista]. 17.ed. Paris: Didier et Cie., 1869.

__________ *Le Livre des Mediums*: ou guide des médiums et des évocateurs [*O Livro dos Médiuns*: ou guia dos médiuns e dos evocadores]. 11.ed. Paris: Librairie de *La Revue Spirite*, 1869.

__________ *Le Spiritisme a sa plus simple expression* [*O Espiritismo em sua mais simples expressão*]. Paris: Ledoyen, 1862.

__________ LEYMARIE, P. (Éditeur). Œuvres Posthumes [*Obras Póstumas*]. 6° mille. Paris: Librairie des Sciences Spirites et Psychiques, 1912.

[39] Para as obras de Allan Kardec, utilizei as versões francesas, disponíveis no acervo fotodigitalizado da *Gallica* – Biblioteca Nacional da França, onde foram consultadas.

__________ *Qu'est-ce que le Spiritisme* [*O que é o Espiritismo*]. 6.ed. Paris: Didier et Cie., 1865.

__________ *Revue Spirite*: journal d'études psychologiques [*Revista Espírita*: jornal de estudos psicológicos]. 12 vol. Paris: Bureau Rue Sainte-Anne, 1858 – Société Anonyme, 1869.

__________ *Voyage Spirite en 1862* [*Viagem espírita em 1862*]. Paris: Ledoyen; Bureu de *La Revue Spirite*, 1862.

LACHÂTRE, Maurice. *O espiritismo, uma nova filosofia* (1880). Trad. Irene Goodjes. Bragança Paulista, SP: Lachâtre, 2014.

LAPIDUS, I.; OSTROVITIANOV, K. V. *Manual de economia política* (1929). HARNECKER, Marta. *O capital: conceitos fundamentais*. Trad. Edson Bini, Armandina Venâncio. São Paulo: Global Editora, 1978.

LOBO, Ney. *Estudos de filosofia social espírita*. 2.ed. Rio de Janeiro: FEB, 1991.

MARIÑO, Cosme. *Conceito espírita do socialismo* (1913). Trad. Luiz Gustavo Oliveira dos Santos. Limeira, SP: Editora do Conhecimento, 2022.

MARX, Karl. *Crítica do programa de Gotha*. Trad. Rubens Enderle. São Paulo: Boitempo, 2012.

__________ *Manuscritos econômico-filosóficos*. Trad. Jesus Ranieri. São Paulo: Boitempo, 2004.

MARIOTTI, Humberto. *O homem e a sociedade numa nova civilização*: do materialismo histórico a uma dialética do espírito. Trad. J. L. Ovando. Prefácio de J. Herculano Pires. São Paulo: Edicel, 1967.

MONROE, John Warne. *A travessia*: Allan Kardec e a transnacionalização do espiritualismo moderno. Trad. Swami Villela, Vital Cruvinel. São Vicente, SP: Pense, 2014.

PAIVA, Aylton. *O espiritismo e a política para a nova sociedade*: reflexão e ação para espiritualizar o social. 4.ed. Lins, SP: Dicesp, 1996.

PIRES, J. Herculano. *O mistério do bem e do mal*. São Bernardo do Campo, SP: Correio Fraterno, 1989.

__________ *O reino*: sugestões para a organização de um movimento cristão de reforma social, sem caráter sectário ou partidário. São Paulo: Empresa Gráfica da "Revista dos Tribunais" Ltda., 1946.

__________ *O reino*. 5.ed. São Paulo: Paideia, 2002.

__________ *O sentido da vida*. São Paulo: Paideia, 2005.

PLATÃO. *A república*. 2.ed. Trad. Edson Bini. São Paulo: Edipro, 2014.

SCHUTEL, Cairbar. *Vida e atos dos apóstolos*. 9.ed. Matão, SP: O Clarim, 2001.

SIMONETTI, Richard. *A constituição divina*. 3.ed. Bauru, SP: Ceac, 2001. Capítulo: "Mobilização".

SMITH, Adam. *A riqueza das nações*: uma investigação sobre a natureza e as causas da riqueza das nações. Trad. Getulio Schanoski Jr. São Paulo: Madras, 2009.

TOURNIER, Valentin. *O espiritismo perante a razão* (1868-70). Trad. Luiz Gustavo Oliveira dos Santos. Limeira, SP: Editora do Conhecimento, 2019.

Bibliografia sugerida, para politização em geral e para aprofundamento na doutrina sociopolítica do Espiritismo

ÁVILA, Fernando Bastos de. *Antes de Marx: as raízes do humanismo cristão.* (Com textos e comentários de: De Maistre, Lammenais, Lacordaire etc.) Rio de Janeiro: Ed. PUC-Rio, ABL; São Paulo: Loyola, 2002.

BEER, Max. *História do socialismo e das lutas sociais*. Trad. Horácio de Melo. São Paulo: Expressão Popular, 2006.

CAFIERO, Carlo. *Compêndio de "O Capital"*. Trad. Ricardo Rodrigues. São Paulo: Hunterbooks, 2014.

CASTRO, Mariléa de. *Igualdade: ponte para a nova era*. Limeira, SP: Editora do Conhecimento, 2021.

COLOMBO, Cleide Beraldi. *Ideias sociais espíritas*. São Paulo: Comenius, 2014.

CONNOLLY, James. *Socialismo e religião*. Trad. André Kanasiro, Fabiana Avanço, Pedro Marin. São Paulo: Baioneta, 2019.

EINSTEIN, Albert. *Por que o socialismo?* In *Escritos da maturidade*. Trad. Maria Luíza X. de A. Borges. Rio de Janeiro: Nova Fronteira, 1994.

INCONTRI, Dora; PINTO, Sergio Mauricio. (Org.) *Espiritismo, sociedade e política*: projetos de transformação. Bragança Paulista, SP: Comenius, 2021.

__________ *Para entender Allan Kardec*. Bragança Paulista, SP: Lachâtre, 2004.

MARIOTTI, Humberto. *Dialética e metapsíquica*. Trad. Júlio Abreu Filho. Prefácio de J. Herculano Pires. São Paulo: Édipo, 1950.

MASCARO, Alysson Leandro. *Estado e forma política*. São Paulo: Boitempo, 2013.

MORAIS, Vamberto. *A primeira comunidade cristã e a reli-*

gião do futuro. São Paulo: Ibrasa, 1992.

__________ *O sentido da vida: trabalho, lazer e ganância nas sociedades humanas*. São Paulo: Ibrasa, 1993.

MORE, Thomas. *A utopia*. Trad. Pietro Nassetti. São Paulo: Martin Claret, 2005.

MORELLY. *Código da natureza*. Trad. Denise Bottmann. Campinas, SP: Editora da Unicamp, 1994.

PINHEIRO, Luiz Gonzaga. *Espiritismo e justiça social*. 2.ed. Capivari, SP: Editora EME, 2004.

PIRES, J. Herculano. *Introdução à filosofia espírita*. 4.ed. São Paulo: Paideia, 2005.

__________ *Os filósofos*. 3.ed. São Paulo: Paideia, 2005.

PLATÃO. *As leis, ou da legislação*. Trad. Edson Bini. 3.ed. São Paulo: Edipro, 2021.

__________ *Eríxias, ou da riqueza*. In *Diálogos VII*. Trad. Edson Bini. São Paulo: Edipro, 2011.

PORTEIRO, Manuel S. *Conceito de sociologia espírita*. Trad. José Rodrigues. São Vicente, SP: Pense, 2008.

__________ *Espiritismo dialético*. Trad. José Rodrigues. São Vicente, SP: Pense, 2000.

PROUDHON, Pierre-Joseph. *O que é a propriedade?* Trad. Gilson Cesar Cardoso de Souza. São Paulo: Martins Fontes, 1988.

ROUSSEAU, Jean-Jacques. *Discurso sobre a origem e os fundamentos da desigualdade entre os homens*. 2.ed. Trad. Maria Ermantina Galvão. São Paulo: Martins Fontes, 1999.

RUSSELL, Bertrand. *Ideais políticos*. Trad. Pedro Jorgensen Jr. Rio de Janeiro: Bertrand Brasil, 2001.

SOUZA, Luiz Francisco F. de. *Socialismo: uma utopia cristã*. São Paulo: Casa Amarela, 2003.

VILLARRAGA, Carlos Orlando. *A justiça social*: visão espírita para a ação social. Araguari, MG: Minas Editora, 2011.